全国どこでも
自由な時間とお金が
誰でもできる
手に入る方法教えます！
空き家投資術

全国大家の会代表理事
吉岡 良太

プラチナ出版

はじめに ～地方在住サラリーマンの現実～

皆さんは、毎日の生活に満足していますか？
時間にもお金にも余裕があって、仕事も私生活も充実している……そんな人はほんのひと握り。多くの人は自由な時間もなければ、自由に使えるお金もない生活をしているのではないでしょうか。

鳥取県の地方都市で、教員をしていた私もそのひとりでした。
平日の起床は午前5時半。仕事をして帰宅するのは21時といった毎日で、週末も部活があり、曜日に関係なく1年365日ほとんどが仕事。大学を卒業して新任教員になった当初からそんな生活が続いていました。

私が教員を目指したのは、高校時代の担任が体育教師で、真剣に部活に向き合う姿を見て「自分もあんな教師になりたい」と憧れたのがきっかけです。とはいえ、そこまで深く考えていたわけでもありませんでした。

学生時代はバスケットボールに打ち込んでいたので、自分も教員になったら部活を受け持ちたいと思っていました。しかし、これほど自分の時間を奪われるとは知る由もありませんでした。また、あまりに薄給で思い描いていた生活とは、大きくかけ離れていたのです。

当時の給料は手取りで17万円、額面で22~27万円ほど。大学時代の同級生や地元の友だちよりも低いのです。薄給については百歩譲って許容しても、時間のない点が特に厳しく感じました。

今でこそ「部活は学校教員にとって負担である」と問題になり、少しずつ改善されているようですが、昔はもっとひどかったのです。

前述したとおり、学校の通常業務に加え、平日は朝練に放課後の練習、週末には試合、そして長期休み中には合宿もあります。時間も労力も負担が大きく、特に若い体育教員は大変でした。

もちろん一番大事なのは学校の業務です。担任をしていると、クラスの管理業務があり、その合間に授業の準備をします。

それが終わったら、すぐに部活の練習方針を考えなければなりません。土日の遠征スケジュールや試合の調整も含め、すべてを担うのです。

私が教員の過酷な仕事に終わりがないと気づいたのは就任して2～3年目のこと。徐々に「このままではまずいな……」と焦るようになり、最終的に退職の決断をしたのは5年後でした。

先輩を見ても夢が描けない

私が赴任したのは私立の高校で、年を重ねて出世すると昇給する、いわゆる年功序列式でした。つまり、一生懸命にやっていても若いうちは給料に反映しません。上にいくほど仕事の負担が減り給料が上がるシステムなのです。

当時、中間層の40歳前後の方々はほとんどおらず、若い私たちは60歳前後の先輩教員と一緒に仕事をしていました。

40歳代の教員がいないのは辞める人が多いからでした。一方で先輩教員は、「現状のまま適当に進めればいいいや」と学校に残っている印象を受けました。「いつになったら自分たちは上にいけるのか」という状況で、将来の展望を思い描けなかったのが正直なところです。

退職を決意したきっかけは、1年、2年、3年と全学年の担任をひととおり務めたことです。この先の人生もずっと同じことを繰り返すのは、自分に向いていないと思い、別の進路へ方向転換する決意をしました。

その当時、独立する手段として、不動産投資を視野に入れていたわけではありません。教員を5年間勤めて転職しましたが、不動産投資について考えるようになったのは転職後、平日に定刻で帰れて、土日の時間もできた状況になってからです。

転職活動はハローワークやマイナビなどの転職サイトに、ひととおり登録するところからスタートしました。

しかし、教員という職歴が活用できる業種はほとんどありません。

面接では前職の経験をアピールするものですが、転職活動をしてそれがないのに初めて気づいたのです。教員経験しかない人は、おそらく私と同じようにアピールの仕方がわからないでしょう。

そんな教員が生徒の進路指導をするのです。教員は自分が経験したことがないことも行う職種なので仕方ありませんが、私は矛盾を感じました。

結果的に医療関係の総務職という事務方の仕事に決まりました。

転職後の居住地は名古屋です。かつて、私は愛知県の大学に通っていたので土地勘もあります。島根県にも就職先がないわけではありませんが、大都会の名古屋のほうが圧倒的に会社は多く選択肢も豊富でした。

コロナ禍で果たしたFIRE

「激務の生活から脱したい」と願い転職に成功しましたが、その数年後、2022年に事務職も辞めることになります。

転職して普通のサラリーマンになってからは、心休まる時間ができました。

それまでは新しい世界にチャレンジする余裕もなかったのですが、時間とともに意欲が湧いてきて自分ができることを探しはじめたのです。

会社員になった当初はさまざまな本を読みあさり、当たり前のように「会社で出世すること」を目指していました。会社の先輩方や上司、事務系のトップの方にはよくしてもらい、がんばって成果を上げよう、出世しようと気概に満ちあふれていたのです。

しかし医療系のトップはやはり医者です。その次に看護師長がいて、その下に事務長たちがいる構図なので、自分がどれだけ頑張っても事務長までしか出世できないことに気づきました。

また、私は事務長になりたいわけでもないと感じはじめたのです。自分の力で稼ごうと決めたのは転職して1年後、28歳のころでした。

この年、2020年は新型コロナウイルス感染拡大により世界が一変します。そんななかで、元手300万円で不動産投資をはじめました。

私が目を向けたのは「田舎の空き家」です。

2020年3月から勉強をはじめて、その半年後の9月に1戸目の空き家を購入、その1年後の退職時には6戸の戸建て賃貸を所有、家賃収入は430万円でした。

当時の私は転職したばかり。銀行融資を受けて、どんどん不動産を買っていけるようなステージではありません。ですから無借金で物件を購入しています。

独立時の家賃年収も、心もとない金額かもしれません。ただ、私の場合は家賃にくわえて、以前からしていた副業の物販で年収が200万円ほどありました。

年収600万円、20代独身なら十分チャレンジできる金額ではないでしょうか。

私は結婚して子どももいますが、妻が共働きをしていたこと、それから「1年間真剣にがんばってダメなら、また再就職する」という考えを妻が支持してくれたことが退職を後押ししました。

サラリーマンを卒業した今は、大家業の傍ら「全国大家の会」という大家コミュニティも立ち上げて、全国のさまざまな大家さんと交流しています。

いかがでしょうか。毎日、不満と不安で暮らしているなら、思い切って行動してみませんか？

本書は日本全国どんな地方でもできる、空き家投資のノウハウをイラストとともにわかりやすく紹介しています。大きな特長としては、不動産投資を行うための元手資金のない人が、まとまった資金を稼ぐ方法からお伝えします。

そのため、すでにアパートを所有しているサラリーマン投資家や地主さんではなく、本当に何もない「貯金はかき集めても数十万円くらい」という若い人に向いています。

不動産投資は「ラクして儲かる不労所得」「エリートサラリーマンや経営者、地主など富裕層しかできない」。そんな印象があるかもしれませんが、思っている以上にハードルは低いです。必要なのは「学ぶ姿勢」と「決断力」「行動力」、この3つだけ。

本書を手に取ってパラパラとめくって「ちょっとおもしろそうだな」と思った方、ぜひ購入していただいて、人生を変える「不動産投資の世界」を知ってください。そして、行動に移してください！

第2章 100万円の家を買って1年半でFIREへ

第3章 全国どこでもできる超高利回り物件の探し方

第6章 満室までの道!!

第7章 空き家をどんどん買い続ける方法

最終章 不動産投資で得られたもの

カバー・本文イラスト／いぢちひろゆき　装丁・本文デザイン・DTP／井関ななえ

第1章

不動産投資をはじめるための自己資金の増やし方

不動産投資をするには、まとまった資金が必要

第1章では、不動産投資をはじめるための自己資金の作り方です。地方空き家投資では、なるべく安い物件を購入しますが、安いといっても数百万……できれば300万円くらいは自己資金が必要です。

ここで紹介するのは、本業と両立でき、PC一つで自宅でできる副業です。実際に私がやってみて失敗した副業から成功した副業まで解説しますので、ぜひ参考にしてください。

お金を増やすための副業1 アフィリエイト

当時28歳。妻が第一子妊娠中だったため、貯金を使うことに抵抗があったので、最初は副業からはじめました。目標は「副業収入を月間50万円にすること」です。

まず書店で目にしたのはアフィリエイト。情報を収集していくと月に10万円や20万

円を稼ぐ人が普通にいて、なかには月間100万円以上の稼ぎがある人も。

そこで私も見よう見まねでアフリエイトのためのブログを開設して毎日のように更新しました。

私には特別な知識やスキルがあるわけでもなく、とくに発信する情報がありませんでした。現状をありのままにサラリーマンブロガーとして、仕事に役立った情報や転職活動の様子を発信し続けました。

そんなことを1年近くやって200本ほどの記事を書きましたが、

稼げたのは月にたったの数百円です。

たくさん稼げる人は自分のキャラクターづくりがうまく、メンターに教わりながらやっている人も多かったようです。ところが当時の私はネットで調べた情報を、ただただ右から左へ流しているだけでした。

当初は才能がなくても努力をすれば、ある程度の結果が出ると信じていたのですが、間違ったやり方に努力を１００％打ち込んでも意味がありません。もっと早く気づくべきでしたが、１年後にこれはダメだとあきらめました。

お金を増やすための副業 2 YouTube

次に取り組んだのがＹｏｕＴｕｂｅです。妻が育休期間を終え、職場復帰したタイミングで、私が半年間育休に入りました。子育て中は外に出ることもままならず、子育てや子どもの成長の様子、困ったことを動画に投稿しました。

子育ての様子をＹｏｕＴｕｂｅに投稿している人が多いので、私も同じように普段の生活を投稿すれば「登録者数が増えて稼げるのではないか？」という安易な気持ちからスタートしました。

実際にはじめてみると、動画撮影だけでなく企画やタイトル付け、サムネイル制作や編集など、想像していた以上にやるべきことが多いのです。

私はサムネイルを無料のアプリで適当につくっていましたし、編集も大変なので、そのまま編集なしで出したこともありました。今でこそ、無料でも使えるものがいろいろとありますが、当時はいいものが少なく、自分で調べる力もありませんでした。

一方、ライバルたちはサムネイルをつくり込んでいますし、動画も文字や効果音を入れてきちんと編集しています。

そういった達成すべきクオリティーを担保したうえで、おもしろい動画を発表し続けているからファンがつくのです。

動画は合計すると１００本ほどつくっていますが、結論からいうとＹｏｕＴｕｂｅでも月間目標金額には達成しませんでした。

企画をしっかり考えていなかったり、タイトルがよくなかったり、サムネイルも動画編集も中途半端だったりして、何も生まないものにまた時間と労力を使ってしまいました。とはいえ、ここで得たスキルは無駄になりませんでした。後々、「全国大家の会」のホームページの更新や、セミナーなどの動画編集などに役立っています。

YouTube以外の動画サービスも試してみました。あまり知られていませんが、当時はBuzzVideoにも挑戦しています。BuzzVid

eoとはバズる動画のサイトで、今はショート動画専門のサイトです。

そのBuzzVideoで稼いでる人がいると聞き、私も負けじと動画をどんどん投稿したのですが、YouTubeほど認知されず、力量の無さで結果を出すことができませんでした。

なお、今から4年前のタイミングでしたが、まだTikTokの存在を知りませんでした。


今思えば、サムネイル制作や動画編集を外注する、仲間を募って共同でつくるなど、継続する方法はいろいろあるのですが、そこまで知識がおよんでいませんでした。

多くの人気YouTuberのパフォーマンスは外から見れば簡単にやっているようですが、裏では企画をしっかり練り、手間ひまかけて仕上げていたのです。

家族は協力的でしたが、何もできず収益化に至っておりません。

YouTubeは3カ月ほどで止めました。その間に100本の動画を発表した点だけは自分を認めてあげたいです。

お金を増やすための副業 3 物販

いろいろ失敗を経験してうまくいかない原因を考えた結果、既に稼いでいる人や自分よりも少し先を進んでいる人に相談すべきだと気づきました。

当時の私は愛知県内で社会人バスケットクラブチームに所属し、練習・試合に参加していました。チームの先輩に会社を経営されている社長のAさんがおり、Aさんとの出会いが後の私の人生を大きく変えることになります。

Aさんが物販の仕事で成功されていると聞いて、「この人から学ぼう」と思ったのが、物販をはじめたきっかけでした。

従業員を雇っていないにもかかわらず、時間的にも金銭的にも余裕のある生活を送っているように感じ、どうしてそんなことができるのか疑問がわきました。

たまたまAさんと話をする機会があり、私が副業に挑戦した結果、失敗したことを告げると、「それは誰かに教えてもらってやったの？」と質問されたのです。自己流だったと答えると、「だから結果が出にくい」と言われました。

Aさんも当初は人に教えてもらい、自分でも稼げるようになったそうです。Aさんは会社を独立して3～4年だったでしょうか。ベンチマークをするには最適でした。ぜひ、Aさんのようになりたいと憧れ、「もしお時間があれば、私にも教えてください！」とお願いしました。

Aさんに教えを乞うことができたのは、私にとってまさに運命が変わった瞬間です。最初は仕事終わりや土日の休みの日には、会社の事務所へ行かせてもらい、雑務を手伝ったり、A氏と行動をともにすることからはじまりました。ノウハウを教えてもらったというよりも、どちらかといえばそばにいて時間の使い方などを学ばせていただきました。

私はそれまで動画なら動画についてしか学ぼうとしなかったのですが、Aさんの仕事ぶりを間近で見て感じたのは、「成功している人たちは通常業務にくわえて、雑務や情報収集も含め、マルチタスクにこなしている！」ということです。

人を雇っていない分、どのように自分が動くべきか。どこへ外注するのがよいのかを見極め、財務管理の仕組みづくりまで1人でこなしていたことがわかりました。

eBayでの輸出業は今も儲かる

物販にはいろいろな種類がありますが、Aさんがしていたのは海外への輸出業です。日本のヤフオクをもっと大きくしたような会社、eBay（アマゾンに次ぐ世界最大級の越境ECショッピングモール）で輸出していました。

海外には、日本のものを高く買ってくれるお金持ちの市場があるのです。Aさんは eBayでかなり結果を出しており、私も海外への輸出業に興味を持ちました。

物販ははじめてすぐに結果が出ました。Aさんに教えてもらいながら有料教材を買ったり有料セミナーに行ったりして、独自に情報収集したところ、3カ月目で月に5～10万円は稼げるようになり、半年後には20～30万円ほど利益が出ました。

1年後の30歳になるころには、継続して一定収入は稼げるようになりました。

しかし、その後すぐにコロナ禍に突入してしまったのです。私が扱っていた食品やペットフードはとても売れていたのですが、コロナ禍で輸出が厳しくなり買ってくれても国外へ発送できない事態が生じたのです。

今でこそ緩和されていますが、その当時は輸出できない期間も続いたので、規制に左右される点に厳しさを感じてストップしました。

コロナ禍が明けた今でも、物販は不動産投資の資金づくりのノウハウとして有用だと思います。とくにAさんから学んだｅＢａｙでの輸出業はオススメです。

ちなみに私が輸出に魅力を感じた理由は、日本には安くてよい商品が豊富にある点です。家電も化粧品も良質なものが多く、海外のお金持ちには高額でも買いたい層がいて、ｅＢａｙならその方たちに直接リーチできます。

国内の物販や輸入も試してみたのですが、単価が低くなるのがデメリットです。その点で輸出は単価が上がるため非常に魅力を感じました。

また国内での物販はニーズが高まると3カ月後には過当競争になってしまい、サイクルが早過ぎるのも難点です。

くわえて、転売屋のようであまりいい印象がありません。安く仕入れて高く売るのは事業としては正当な行為ですが、コロナ禍でのマスクの買い占めなど倫理的な観点で指摘されることもあります。

輸入に関しては、中国などから安価で仕入れるのがコツです。逆に輸出は、いかに高く売れるかに注力する点が異なります。

送料がかかる点も輸出におけるポイントです。当たり前ですが、小さいもので高単価だと送料が安く収まり利益率が上がります。

単価が高く送料は安い限定商品が狙い目

送料の面でメリットを享受しやすいのは、日本の遊戯王やポケモンのカード類です。海外でも認知されているためリアルなカードの需要があり、日本で1～2万円で仕入れたものが10万円で売ることもできました。

また、キャラクターの限定商品も狙い目です。季節限定の商品は日本でも利益が出ますが、海外にも日本のキャラクター好きの人は多く、ニーズが非常に高いです。

後に禁止されますが当時は無在庫でもできました。つまり、自分がまだ仕入れていないものでも、販売できたのが輸出のメリットでした。

日本人はＡｍａｚｏｎやメルカリで安く買うとすぐに送ってくれるので、海外からの注文を受けてから国内で仕入れて海外に送ることができたのです。

あらかじめ納期をしっかり案内すれば、海外発送へのタイムラグがあってもクレームになりません。このようにして私は高く売れる商品を、どんどん出品して売上をつくっていたのです。

そのうちプラットフォームの規約が厳しくなり、無在庫が禁止されてピンチが訪れました。

当時の売上は月に５００万円程度でしたが、入金待ちの状態になっているときに規約が変わって、いきなりアカウントの使用を停止されてしまったのです。

私は仕入れ代金３００万円をクレジットカードを使用して支払いをしていたので、アカウント停止とともに売上金が引き出せない状態となりました。

自分の親、妻の親、親族に頭を下げて何とかクレジットカードの支払いに間に合いました。幸いなことにアカウント凍結を免れてお金は返ってきたのですが、入金は2カ月ほど遅れました。

資金繰りの大切さを頭では理解していましたが、こういったリスクも想定しておかなければならないのが物販の怖さです。それまでは必ず入金されていたので安心して手元資金をあるだけ使い仕入れていましたが、それは危険なやり方です。

リスクばかり書いてしまいましたが、素人でも売れるものがわかりやすいこと、資金繰りがよいことも物販のメリットといえるでしょう。商売の基本である「安く仕入れて高く売る」は、輸入も輸出も同じです。

輸出は扱うべきものがわかりやすくていいのですが、ルール改定があり、今日と明日で状況がガラッと変わってしまうことも想定しなければいけません。

状況が変わると今までやってきたことが通用しなくなり、特に資金繰りに関しては相当怖いので覚悟する必要があります。

プラットフォームサイドがダメといったら、ダメになってしまうのです。手数料もいきなり10％から20％に改定されることがあります。こうした事態は想定以上に急にやってきます。

物販ではいち早く売上をつくり結果を出せたものの、このまま輸出業のみを続けていくのは厳しいと感じました。

50万円から不動産投資の種銭をつくる方法

ここからは今からでもできる物販で種銭をつくる方法を具体的に解説します。物販をするなら、まずトレンドを把握しなければなりません。そのうえで、ルール・規約・為替など複合的に検討してからはじめてください。

私のときは無在庫でもできましたので資金がなくてもスタートできましたが、今は難しいので最低限50万円は必要です。

50万円が貯まったら、ＡｍａｚｏｎでショップをＡ開設して商品を売りましょう。今、Ａｍａｚｏｎは簡単にお店を開けます。

販売する商品は、実店舗に行って探します。たとえばリユースショップの「セカンドストリート」などに行き、衣類や靴のブランド品など自分の得意な商品を仕入れ、中古品として売るのです。

ヤフオクやＢＵＹＭＡでリサーチして、Ａｍａｚｏｎで売られている金額と乖離があるものを仕入れて、Ａｍａｚｏｎで出品するのが初心者にとって行いやすいです。

月に10万円くらい稼げる方法としてはダントツに再現性が高いと思います。実際、私がもっとも長く続けられたのもこの方法でした。

物販をするうえで、一時的な売上は他のプラットフォームのほうが高かったのですが、なんといってもＡｍａｚｏｎにおける顧客の信頼性は高いです。Ａｍａｚｏｎで買う人たちは、私から買っているとは認識せずお金を払います。

楽天やヤフオクの場合は、「この人から買っている」「このショップから買っている」というイメージが強いのですが、Ａｍａｚｏｎではそれがありません。ユーザーがＡｍａｚｏｎとして認識し、信頼して買っているためとても売れやすいのです。

楽天には自分のお店のブランディングができるよさがあり、「この店で買いたい！」と望む人も出てきますが、Ａｍａｚｏｎは逆にそれをしない戦略なので、初心者はＡｍａｚｏｎのほうが売りやすいです。

Ａｍａｚｏｎなら梱包や発送の手間いらず

本書の読者は、私と同じような会社員であると想像します。これまで、ものを売ってお金を得る経験もないなかで、ユーザーから信頼を得るには、やはりプラットフォームの力が必要です。

Ａｍａｚｏｎではつくり込みはほぼ必要ないですし、開設費用が楽天やヤフオクよりも安く手間も少ないです。

配送サービスなど本来なら外注するものが仕組みとして整っています。商品は倉庫で預かってくれますし、梱包も発送もＡｍａｚｏｎがしてくれるのです。

まずＡｍａｚｏｎを使いこなすためにも、Ａｍａｚｏｎの仕組みから学びましょう。情報収集にオススメなのはＹｏｕＴｕｂｅです。両学長の「リベラルアーツ大学」の動画がもっとも初心者向けです。両学長は稼ぐ方法のひとつとして物販を勧めていて、Ａｍａｚｏｎで売る方法を解説しています。この動画は無料で公開されています。

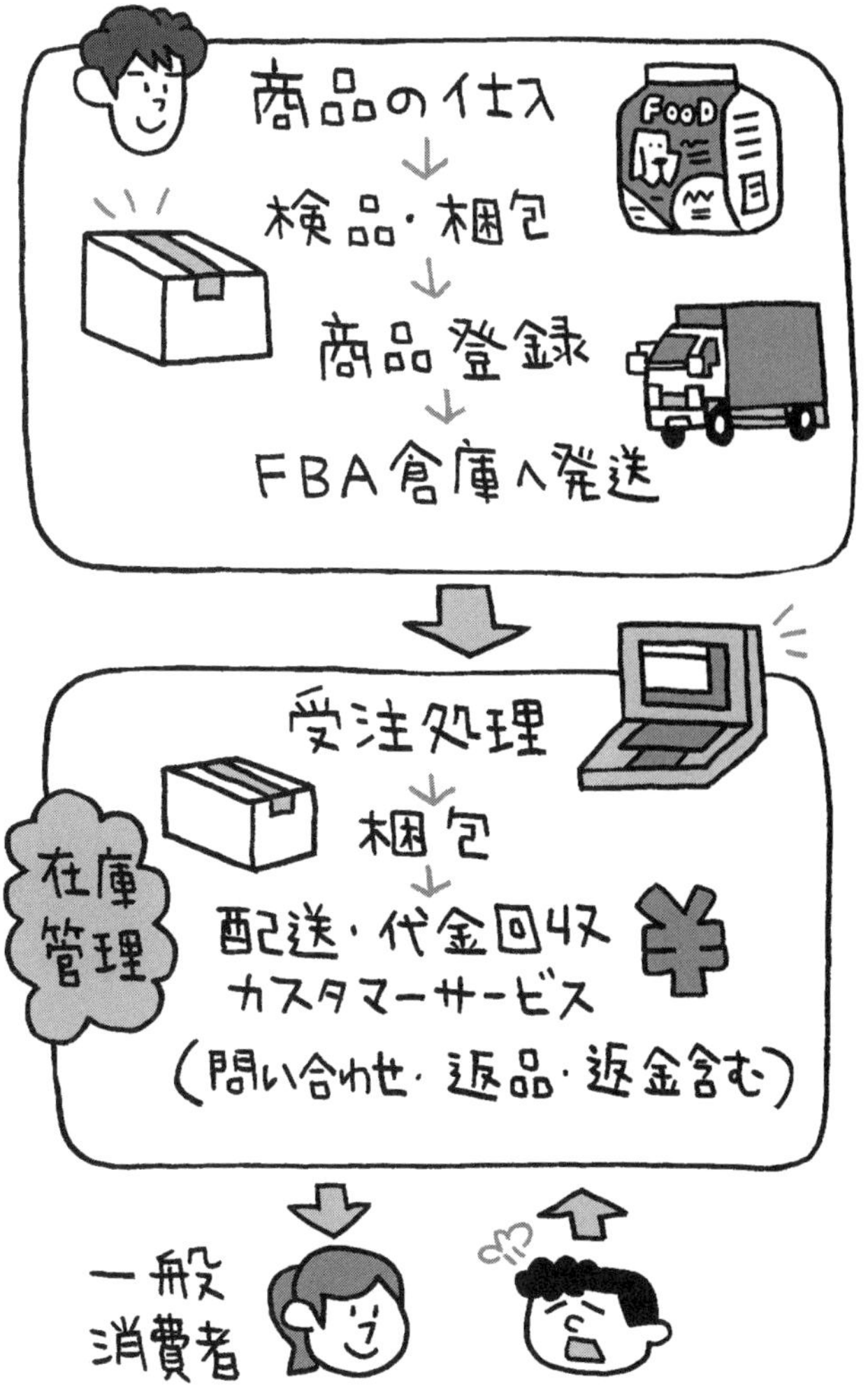
商品の仕入
FOOD
検品・梱包
商品登録
FBA倉庫へ発送
受注処理
梱包
在庫管理
配送・代金回収
カスタマーサービス
（問い合わせ・返品・返金含む）
一般消費者

仕入れ先は「ドン・キホーテ」や「トイザらス」でOK

くり返しになりますが物販ははじめる際、今は無在庫での販売ができないので、きちんと仕入れる必要がある点だけは理解しておいてください。

商品のリサーチでは金額を見ますが、Ａｍａｚｏｎで月に何個売れているのかしっかりと確認します。目安は月に10個以上。Ａｍａｚｏｎで月間の売れ個数が10個以下の商品では、ショップに出しても売れるのが何カ月先になるのかわかりません。

まずは単価が高いこと。2番目は売れている数を調べますが、これらはツールを使って調べます。

初心者向けのリサーチツールは、無料版なら「ショッピングリサーチャー」と「Ｋｅｅｐａ」です。

商品のカテゴリやジャンルは、最初は絞らず広く浅くリサーチしましょう。自然と自分の得意ジャンルが見つかります。調べていて楽しいジャンルや興味があるものに少しずつシフトしていくと、利益の出る商品が見つかりやすくなるはずです。

有望な商品を見つけたら仕入れに行きます。「セカンドストリート」以外に「ブックオフ」や「ハードオフ」も仕入れ向けですが、「ドン・キホーテ」でも見つかりやすいと思います。

「ドン・キホーテ」の場合は大量に仕入れた家電などが、在庫処分で安くなっていることがあるからです。それらがまとめて置いているコーナーもあるので、Ａｍａｚｏｎの金額と見比べて「利益が出る！」と確信したら仕入れましょう。

子ども向けのおもちゃなら「トイザらス」がオススメです。

クリスマスをはじめ季節ごとの商品を事前に仕入れましょう。売れる時期は高価格ですが、時期外れだと安く置いています。

このようにシーズンオフのタイミングで全部仕入れておき、クリスマス前などニーズが高まるタイミングで売り出します。

在庫は抱えないこと

その他、在庫リスクを懸念する方もいるでしょう。

私は在庫としてずっと持っているよりも、赤字になってでも早く売るようにしていました。大きな理由は資金繰りが悪くなるからです。

1万円で仕入れたら1万1000円で売りたいものですが、1～2カ月して売れなければ9000円でも売ってしまい、次の資金に当てないとお金が回りません。

この損切りの見極めはもっとも大事だと思います。「絶対に赤字を出したくない！」という理由で価格を下げないのはよくありません。

おそらく、物販をしていて赤字を出さずに続けられている人は1人もいないでしょう。もちろん赤字ゼロを目指しますが、赤字が出たらその原因を考え、商品を変えるなり仕入れ先を変えるなど工夫する必要があります。

物販も株と同じです。早い段階で損切りしたほうが勝つのです。

最初によい評価をつけてもらうのが大事

Ａｍａｚｏｎでは取引数と評価も大事です。取引数ゼロで評価1の出品者は信頼が得られません。

最初は広告宣伝費と割り切って赤字覚悟で出品し、よい評価をどんどん積み上げるとあとで売れやすくなります。

最初に悪い評価がつくと挽回するのが大変です。しかし、最初に5が10個くらいつけば、たまに偏屈なお客さんにあたり、1をつけられても印象はさほど悪くなりません。できれば評価が4や5で取引数が1000件もあれば安心です。

物販の場合は価格を下げる以外にも、発送を早くしたり梱包を丁寧にしたりといった方法でも評価を上げられますが、Ａｍａｚｏｎは発送や梱包をしてくれるので、評価の操作はしづらいです。そもそもＡｍａｚｏｎは評価をする人が1割以下で少ないからこそ、最初に積み上げておいたほうがいいのです。

まずは300万円を目指そう！

不動産投資をはじめる際の貯金の目安は最低300万円です。私の場合は会社の収入と、もともとあった貯金を合わせて1年ほどで貯まりました。

今のAmazonの状況を踏まえると、私のような普通の20代後半のサラリーマンが物販で300万円を貯めるなら、おそらく2年はかかるかもしれません。

最初の種銭が多ければもっと早く到達できます。まずは300万円を目標に頑張ってみましょう。

細かいテクニックですが、発送のコストを削減するやり方もあります。というのもAmazonの倉庫は1つではありません。家電と美容などさまざまなジャンルを仕入れると別々に発送しなければなりません。

こちらで倉庫までの送料を負担する資金力があればいいのですが、最初のうちはジャンルをまとめて送るとコストも手間もかからずよいでしょう。

利益の管理も最初は難しいと思います。売上が数万円であれば自分でも管理できると思いますが、20万円以上になると煩雑になってくるので専用の管理ツールを使うことをオススメします。

私はエクセルでの管理ではなく、ｐｒｉｃｅｔａｒというツールを使っていました。月間５０００円ほどかかる有料ツールですが、販売価格にＡｍａｚｏｎへの手数料、配送料、そして利益まで一目瞭然なので便利です。さらに商品の売れ行きがよくないときは適正価格を予測してくれる機能までついており、とても重宝していました。

最後に物販を続けるコツをお伝えします。物販では日々の積み重ねが大切ですが、販売してもとくに感謝されませんし、むしろ顧客の反応はクレームが中心です。モチベーションを保つためにも、自分の好きな分野を見極めましょう。

私自身も、物販では達成感があまり感じられませんでした。物販をするなら、この点は見越したうえではじめてください。

まとめ

副業は見よう見まねでやっても結果は出ない

正しい方法を学ぶことが結果への早道となる

物販は今でも稼げる副業だが、

情報の移り変わりが早いのでリサーチ力が必須

物販は経済状況だけでなく、

プラットフォームのルール変更もリスクになる！

第2章

100万円の家を買って1年半でFIREへ

大家の会の先輩から不動産について学ぶ

第2章では実際に私が不動産投資の勉強をはじめ、空き家を購入して、賃貸に出し大家さんになった軌跡を紹介します。

私が不動産投資で最初に買ったのは100万円の空き家でした。

物販をして貯金が300万円になったものの、家庭があると全部を投資に使うのは難しいものです。まずは200万円程度の自己資金からスタートしました。

もちろん200万円でも不動産投資はできますが、それでは余裕がありません。今からはじめる方は300万円が貯まってからのほうが安全だと思います。

物販をしている間は平日の夜に、土日はずっとAさんの事務所に通い詰めて一緒に仕事をしていました。その事務所で「東海大家の会」の代表者・加藤至貴さんとの出会いが、私が不動産投資をはじめたきっかけです。

コロナ禍で副業の物販の仕事が少なくなっていたとき、「もし時間をつくれるなら不動産を勉強してみないか。教えてやるよ」と声をかけられたのです。

もちろん、ありがたく「ぜひお願いします！」と即答しました。それが2020年、私が30歳のときです。

加藤さんはもともと2代目の地主さんですが、ご実家の借金の返済が大変な状況で引き継ぎ、自ら勉強して苦労を重ねたと聞きました。

加藤さんが声をかけてくれたのは、応援の気持ちからだったと考えています。私が物販を学びながらやっている姿を見て力を貸したいと思ってくれたのでしょう。

当時は無在庫で物販ができなくなる情報も錯綜しており、売上のメインだったペットフードの売れ行きに困っていたタイミングです。私の使えるお金が200万円しかないことも加藤さんに伝えました。

この勉強会に参加していたメンバーは私を含めて4人。その4人が後に「全国大家の会」の立ち上げメンバーになります。

ちなみに、もともとの知り合いではありません。加藤さんに「勉強してみないか」とそれぞれに声をかけられて集まったのです。

4人とも不動産投資についての知識は皆無でした。みな私と同年齢の会社員で、貯金額が200～300万円、年収は400～500万円とほぼ一緒。同じスタート地点に立っている状態でした。独身はおらず、夫婦2人か子どもがおり、家族構成も似ていました。

「こんな戸建てを複数買えば、安定的な家賃収入が得られるよ！」
「私と同じように会社を辞めることもできるよ！」
「再現性が非常に高い事業なんだよ！」

そう教わったときは、すぐにでもやりたくなっていました。

みんな、もともと加藤さんとの関係がある程度できていたのと、自分で何かしたい思いもあったのでスムーズに納得できたのでしょう。

コロナ禍で将来に不安を抱き、「このままの人生を歩んだら収入がなくなるのでは……」という危機感も影響したはずです。

加藤さんの言葉で、もっとも強くインパクトを受けたのは「不動産はお金を生み出す仕組みが最初からある状態でスタートできる」ということ。「こんなにすごいことはない！」というのが素直な感想です。

物販の場合は仕組み化している人も多いですが、最初の段階では自分で頑張って動かなければいけません。

それができているのなら不動産も絶対にできるだろうし、むしろ不動産のほうが仕組み化して増やしていきやすいと思ってくれたのかもしれません。その仕組み化することも、加藤さんから最初に教わりました。

勉強しながらの物件探しを半年間続ける

この勉強会がはじまったのは２０２０年3月。最初は座学で教えてもらいました。不動産の基本、不動産でお金が回る仕組みなど基礎からしっかり学んだのです。

勉強会をしてもらっている間、ルールを決めることにしました。

4人とも日中は仕事をしているので、毎朝5時から不動産の勉強を2時間するルールを設けました。そして勉強した結果はＬＩＮＥで報告し合います。

不動産の本を読んだり不動産関係のＹｏｕＴｕｂｅを見たり、有料セミナーを視聴したり、平日は協力し合ってそれぞれ学び、週末に座学をしてもらいました。勉強代も当時は無料でした。

そんな生活が半年ほど続き、私は実際に物件購入をはじめることにしました。つまり、勉強をしながら物件を探したのです。

探し出した物件を自分なりに査定してみて、「この物件はこうだから、この金額まで下がれば、買う」という指標をみんなの前で話し、お互いに気になる点を指摘し合いました。

勉強を進めつつも自分で物件を探して、みんなと共有することで学びを深めていきました。

ちなみに私が内見を初めて経験したのは2020年8月です。先輩が週末に内見へ行くタイミングがあり、私たちメンバーも同行しました。現地調査の際には、二度手間を避けるため、写真撮影を行います。

物件のどういうところを見たほうがいいのか、不動産屋の営業担当者とはどのように交渉して話を進めるのかを間近で学び、買い付けの入れ方を実際に見て納得し、自分で内見に行けるようになりました。

1軒目を買うまでに10～15軒は現場に足を運びました。なかには明らかに買えないと判断したものもありますが、5～6軒は買い付けを入れました。

2020年9月、初の空き家を購入して1年間で6戸取得!!

2020年岐阜県にある3DKの一軒家で、もともとは280万円で売られていました。9月に買った1号物件は、以前からお付き合いのあった不動産会社さんから紹介された物件です。過去に欲しかった物件が買えなかった経緯があり、不動産会社さんが「今度こそ買ってください!」と、いち早く教えてくれました。

前面に位置指定道路（都道府県知事や市町村長等の特定行政庁から「土地のこの部分が道路である」という指定を受けた幅員4メートル以上の私道）があり、狭くて駐車場もありません。

ダメもとで「100万円なら」と打診したところ、意外にも了承していただけました。

地方やファミリー世帯にとって駐車場が必要なことが多いです。駅から遠い場合は、車を持っている人には駐車場は大前提ですし、場合によっては家族で2台分必要なこともあるでしょう。自宅敷地内に駐車場がないことが、買い手が現れなかった要因の

1号物件

エリア	岐阜県・大垣市
築年数	1983年6月
構造・間取り	木造2階建・3DK
延床面積	69.92平米
購入価格	280万円→100万円
リフォーム費用	0万円
家賃	5万1,000円
利回り	61%

間取り図

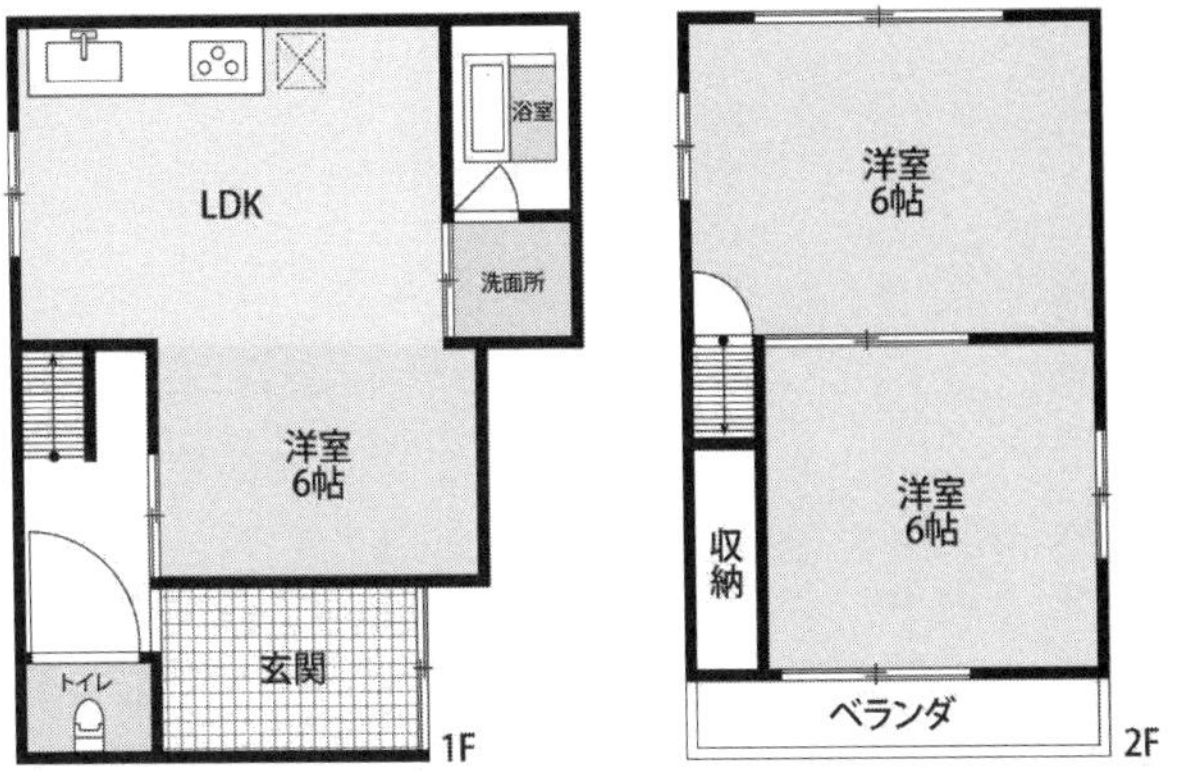

一つだったのかもしれません。

1年半ほど売れなかったそうで、私が100万円で買付を入れたときは売主さんにとても感謝されました。

購入金額を100万円に設定したのは、「絶対に負けない！」と確信できた金額だったためです。

家賃は、うまくいけば5万円でも借り手は付きそうでした。もし5万円で入らなくても生活保護の方向けの物件が3〜3万4000円だったので、そのくらいの家賃はいただけるだろうと思ったのです。

実際に1号物件は徒歩圏内にスーパーや病院、バス停があり、車なしでも生活可能でした。家賃が3万円台でもきちんと収益が回ると計算し、100万円で打診したのです。

築40年は経っていましたが、過去にリフォーム歴があり、大掛かりな修繕の必要はなく、3部屋すべて畳はそのままの状態で使え、あとはゴミを捨ててクリーニングをするだけで賃貸することができました。

購入できたときは、「びっくりした！」というのが正直なところです。予想していた金額をはるかに下回っていたのですから。

ジモティーで募集をして購入後から2週間ほどで外国人の3人家族のご入居が決まりました。家賃は5万1000円、利回りは61％です。

一軒家の賃貸を気に入ってくれて、お子さんも広い家に住めて喜んでいたのを覚えています。

これから家賃が入ってくるのはもちろんのこと、入居者さんから感謝され私もうれしくなりました。それこそ物販では得られなかった感覚です。

「物件をもっと増やそう！」と決断したのはそのときです。ここから加速し、1年足らずで6軒の空き家を買うことに成功しました。

トイレ

外観

居室

キッチン

2号物件

エリア	岐阜県・土岐(とき)市
築年数	1971年
構造・間取り	木造2階建・3DK
延床面積	52.92平米
購入価格	330万円→100万円
リフォーム費用	43万円
家賃	5万円
利回り	41%

間取り図

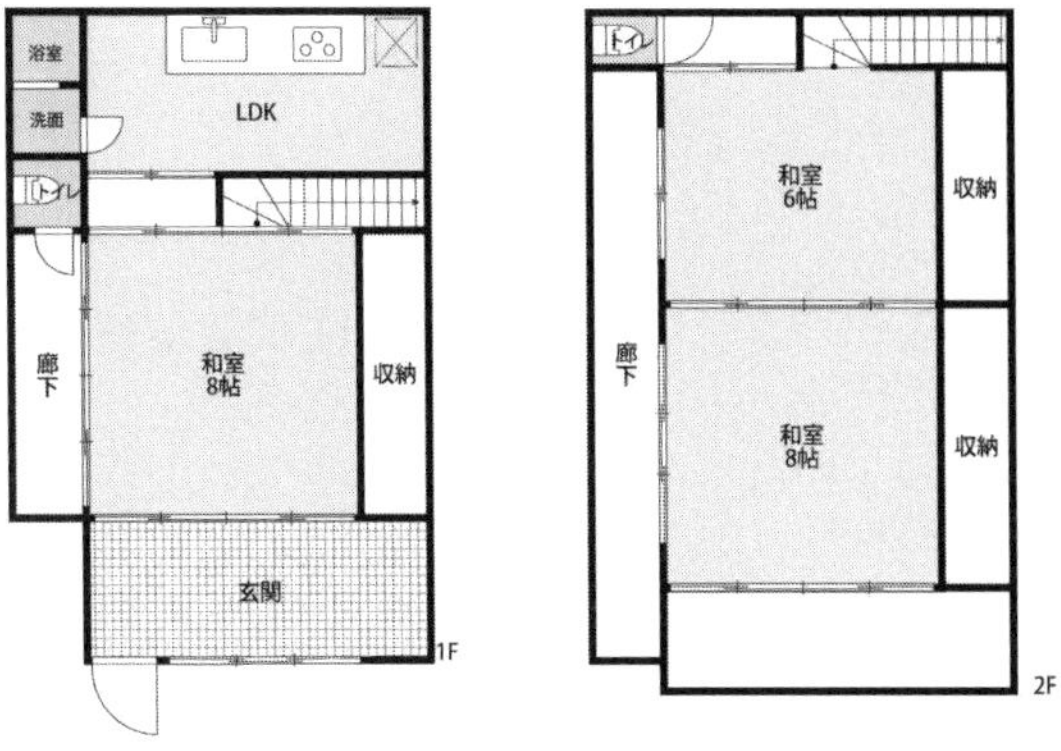

1号物件での成功体験が忘れられず、その当時の私は〝買いたい病〟の状態でした。2号物件を見つけたのはアットホームです。330万円だったのですが、指値ができそうか確認で電話をしたところ、2年間一度も内見のない物件とのことでした。これなら交渉しやすそうだと考えて、内見に行きました。

2号物件もエリアが少し特殊で、非線引き区域にある物件です。「非線引き区域」とは、市街化区域と市街化調整区域とに区分されていない都市計画区域で、民家がまばらでインフラが整っていないような田舎だったり、住宅ローンが通りにくかったりと一般的に人気がありません。

わざわざ非線引き区域の家を買いたい人はいないのでしょう。私を逃したら「もう誰にも買ってもらえない！」と焦ったのか100万円で買えました。

2号物件では思わぬ出費が発生して、苦い経験をしました。経験不足から内見でのチェックが甘く、買ったあとから床下にシロアリの発生に気づいたのです。

内見した際には畳の表替えと清掃するだけで、リフォームなしで貸せると判断しました。ところが購入後に改めて確認したら、洋室の床に修繕が必要な箇所がありました。

そこで他にも修繕箇所がないかと、和室の畳を上げてみたら、床下の根太（床板の直下にある横材）がシロアリに食い荒らされていたのです。

畳をめくったところの目視でわかる床板は、とくに何もなっていなかったので、わかりませんでした。

当初は修繕費を20万円と見込んでいたのですが、シロアリ駆除のために追加でさらに20万円がかかり合計40万円ほどでした。

想定外の費用とはいえ、シロアリ駆除はなるべく安くできるように工夫しました。当時、加藤さんや大家仲間さんに相談してアドバイスを受けて、あらかじめ相場を調べてから専門業者さんに依頼しました。

その他にシロアリに食べられた根太の補修を大工さんに依頼しているので、この内容で20万円なら、費用対効果は良いと思います。

家賃は5万円で、利回り41％。外国人の3人家族にご入居いただきました。この物件の魅力は、お風呂がリフォーム済でとてもキレイで、トイレも洋式に改装されているところです。入居者さんは喜んで決めてくれました。

トイレ

外観

居室

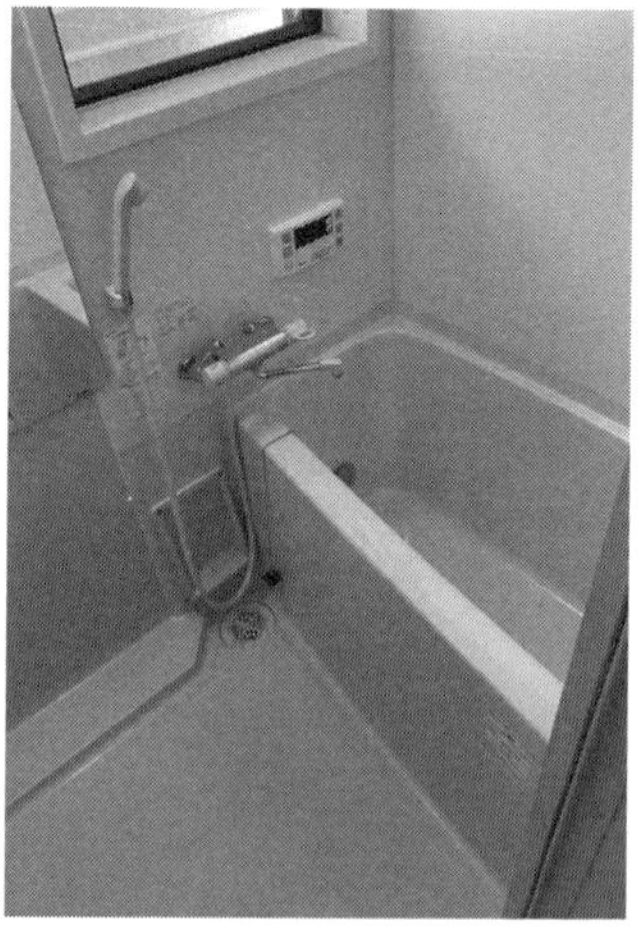

お風呂

3号物件

エリア	岐阜県・土岐市
築年数	1955年
構造・間取り	木造2階建・6DK
延床面積	90.31平米
購入価格	400万円→50万円
リフォーム費用	80万円
家賃	6万円
利回り	55%

間取り図

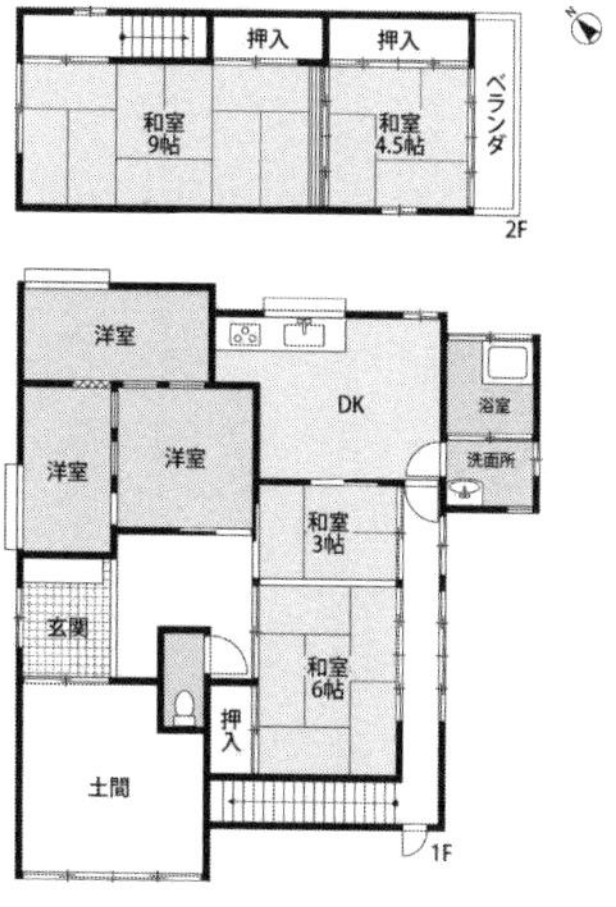

3号物件はゴミ屋敷でした。2号物件の入居者さんから、「同じエリアで戸建ての賃貸があれば、住みたいという知り合いがいるよ」との情報をもらい、探して見つけた物件です。

だいぶ田舎で投資家が足を運ばないエリアですが、外国籍の方が多く、築古戸建ての需要が高いエリアをたまたま発掘できました。

ゴミ屋敷というデメリットがあるため、400万円のところを50万円で買えました。残置物の対処は大変でしたが、2号物件も家賃5万円をいただけましたし、同じエリアで供給が足りておらず入居待ちになっていたため、結果は正解だったと思います。

天井まで積み上がるレベルではありませんが、住空間の半分はゴミが占拠しており床の状況が確認できないほどです。ゴミをどけて捨てる作業は大変なので、50万円で買付を入れたところやはり断られました。

しかし1カ月半ほど経って売主さんから電話があり、「あの50万円の話はまだ生きてますか？　すぐ決めてくれるのなら50万円でもいいですよ」と買付が成立しました。

ゴミの状態は動画と写真に残していたので、残置撤去してくれる会社で見積りを取り、撤去費は買う前から把握していました。

売主さんは200万円ほどかかると思ったようですが、私が相見積りを取った会社ではそこまで値が張らず、実際にかかった費用は約30万円です。

そのときはたまたま安く、今は値上がりしているかもしれません。大型の家電など処分に難しいものはほとんどなく、生活ゴミばかりだったのも安く上がった理由のひとつだと思います。

この3号物件でかかったのは物件購入費とゴミの処分代とリフォーム費用で合計80万円です。

当時も物販をしていたので、物販と自分の収入の中の貯金をすべてプールし、すでに入ってきている家賃収入を合わせて80万円をまかないました。

つまり、3号物件を購入したのは最初の自己資金200万円を使い果たした後ですが、その間に働いて稼いだお金と家賃でなんとか払えたわけです。

リフォーム内容は洗面台、キッチン、お風呂の入れ替えなどです。全部を変えるのではなくキッチンと洗面台、お風呂の浴槽だけといった部分的な直し方をしました。お風呂もユニットバスすべての交換ではなく風呂釜だけの交換です。プロパンガス屋さんが追い焚き機能のついた新品の給湯器をつけてくれました。

このように残置物処理を安く抑えられたうえ、修繕箇所を必要最低限に絞ったことで、なんとか手持ち資金のみで仕上げることができました。

この物件を借りてくださったのは、前述したとおり2号物件の入居者さんから紹介いただいた方です。高齢の日本人ご夫婦が入居中です。

広々とした家で静かに住みたい要望がありましたので、住宅街から少し離れた3号物件を気に入ってくださいました。

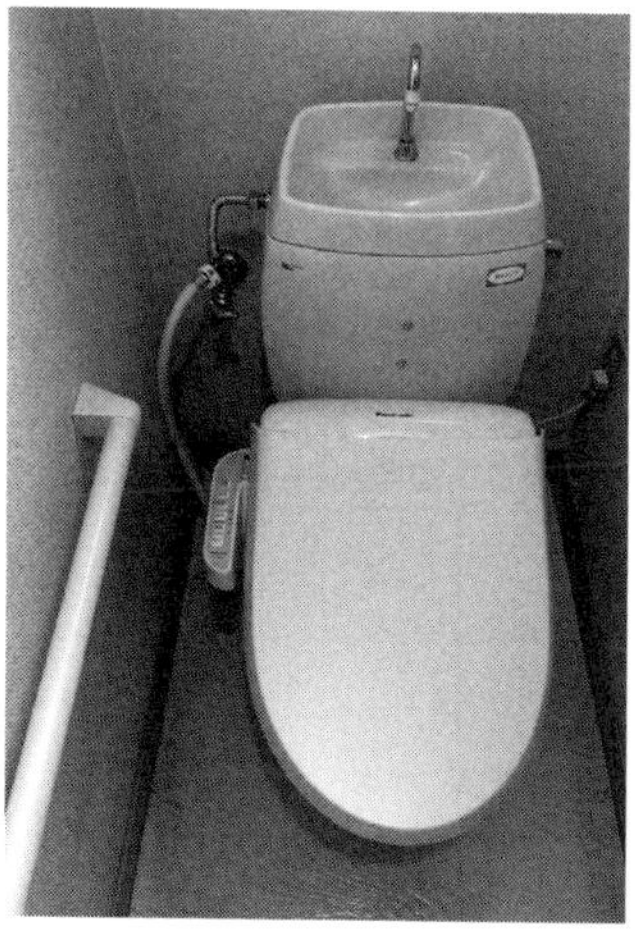

トイレ

外観

居室

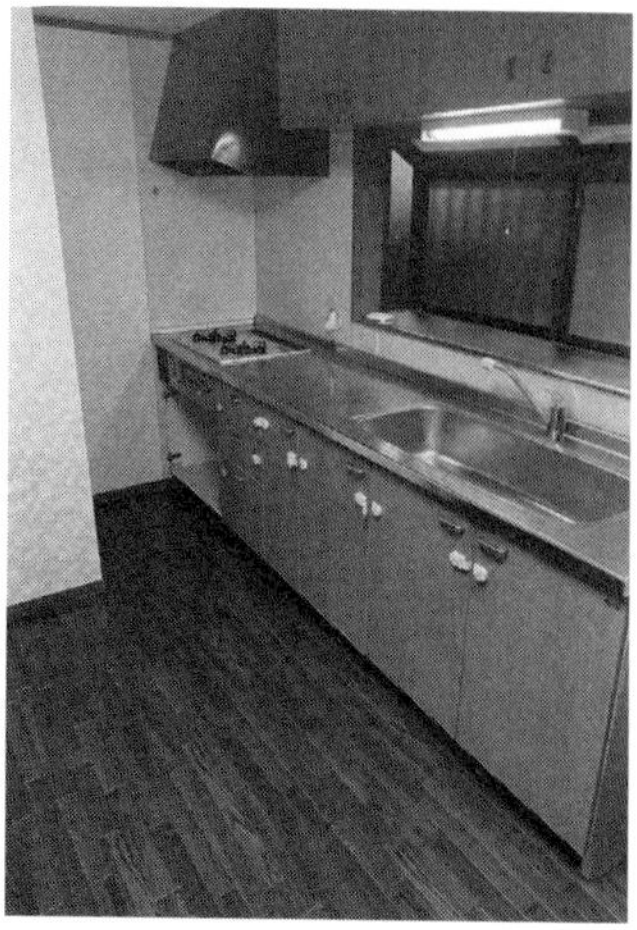

キッチン

4号物件

エリア	岐阜県・土岐市
築年数	1966年
構造・間取り	木造2階建・6SLDK
延床面積	162.30平米
購入価格	450万円→150万円
リフォーム費用	0円（残置物処理で数万円）
家賃	6万円
利回り	48%

間取り図

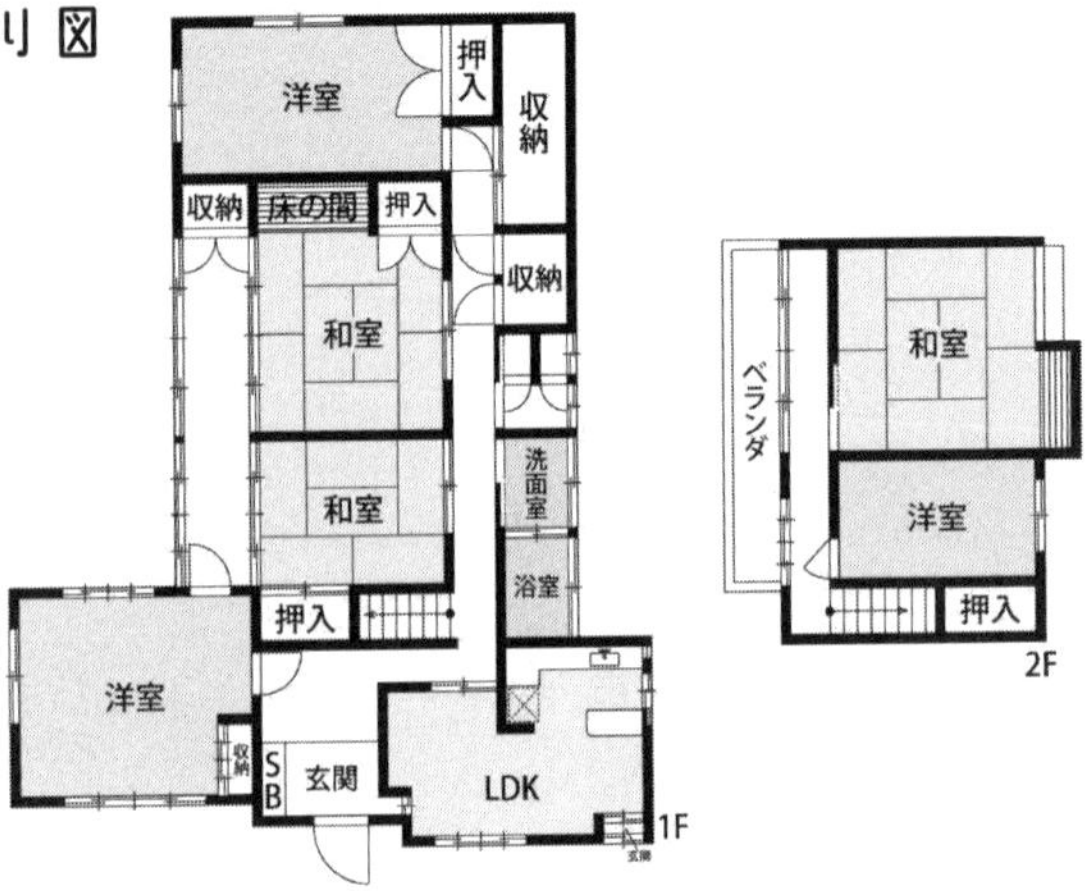

4号物件も、2号物件や3号物件と同じく、外国人入居者さんが入居待ちをしていたエリアで買いました。家賃収入を貯めていたこともあり、このときは資金に余力がありました。

住所と間取り、駐車場の状態を伝え、「この家賃なら住みますか?」とリサーチしたところ手応えを得たので、その物件を見に行き買付を入れたのです。借りる人も買う前にほぼ決まっていました。

450万円で出ていたところ、100万円の指値をしました。「100万円は無理だけど、150万円ならいい」と返答があり、入居が事前に想定できていたため、150万円で買ったのです。

4号物件も残置物はありましたが、買ったその日に入居者さんが内見して「こちらで片付けます」と言ってくださり、そのまま契約となりました。

入居を決めてくださったのは、外国籍の6人家族です。駐車場が3台あったことにくわえ、お子さんが4人いらっしゃいまして、それぞれ一人部屋が持てるところ、広い中庭でバーベキューができるところに喜びと価値を感じてもらえました。

さすがに「片付けとクリーニングはします」とキレイにしてから貸しましたが、リフォームの必要はありませんでした。

この物件の残置物は自分で処理しました。2トントラックを借り、協力してくれる人を募ってクリーンセンターまで捨てに行き、事業用ゴミとして捨てました。手伝ってくれたのは一緒に勉強しているメンバーや大家さん仲間。お互いに手伝いしたりされたりの関係です。3人がかりで1日で終わり、数万円で完了しました。

4号物件の家賃は6万円です。5万円で出そうかと検討したのですが、「順番待ちになっているのなら6万円で入るかもしれない」と少し高めに出しました。

6万円にしたところ希望者は少し減りましたが、問題なく決まりました。これが6万5000円や7万円で貸すとなれば、もっとしっかりとリフォームする必要が生じます。6万円はちょうどよい家賃設定でした。

キッチン

外観

居室

お風呂

5号物件

エリア	岐阜県・養老郡
築年数	1976年
構造・間取り	木造2階建・6LDK
延床面積	116.83平米
購入価格	300万円→250万円
リフォーム費用	10万円
家賃	7万円
利回り	32%

間取り図

5号物件もアットホームに載っていた物件でした。これまでの物件とほぼ同じエリアにありますが、5LDKで傾き、雨漏りがなく、専用庭と駐車場2台確保できる優良物件です。

販売価格は300万円でしたが、建物もしっかりしているので、そこまで指値をせず250万円で買いました。残置物撤去とクリーニングで家賃7万円で入居がつきました。

なぜなら、1号物件に住んでいる入居者さんのご友人が家を探されており、あらかじめ「部屋が見つかったら住みたい」という希望をいただいていたのです。

そこで、どんな間取りがいいのかなど、あらかじめくわしく要望を聞いてから購入をしています。入居希望者さんの予算が7万円だったことで、すんなりと決まりました。家を片づけたところですぐ入居されたので、実質空室期間ゼロでの稼働となりました。

そもそも立派な家がなぜ300万円で買えるのか？　持ち主や地主さんはなぜ有効利用できないのかと疑問をもつでしょう。

ほとんどの方は相続をきっかけに空き家を所有します。よくあるケースは祖父母の家で、今は誰も住んでいないケース。また年老いた親御さんが入院して空き家になり、その後亡くなって相続したというケースもあります。

独立した子ども世帯の多くが田舎の空き家を持て余し、「いらないから売りたい」と不動産業者に相談します。

貸すという概念が最初からなく、「貸して管理するなんて面倒」と悪いイメージがあるようで、むしろ「手放して楽になりたい」という要望が多く、買って欲しいというより、安くてもいいから引き取って欲しい気持ちのほうが強いのかもしれません。

この物件も売主さんが相続したのですが、「もう住むこともないから手放したい」という理由でした。

残置物は4号物件と同じく、自分たちがトラックで運びました。

この物件に家賃7万円で入居をつけられたのはラッキーですが、周りに入居希望の方がすでにいたので心配はありませんでした。もしその方たちが住まないとなっても、家賃を多少下げれば、募集後にすぐ決まると見込めました。

トイレ

外観

居室

キッチン

6号物件

エリア	岐阜県・山県市
築年数	1960年
構造・間取り	木造平屋建・4DK
延床面積	62.51平米
購入価格	200万円→80万円
リフォーム費用	40万円
家賃	3万5,000円
利回り	35%

間取り図

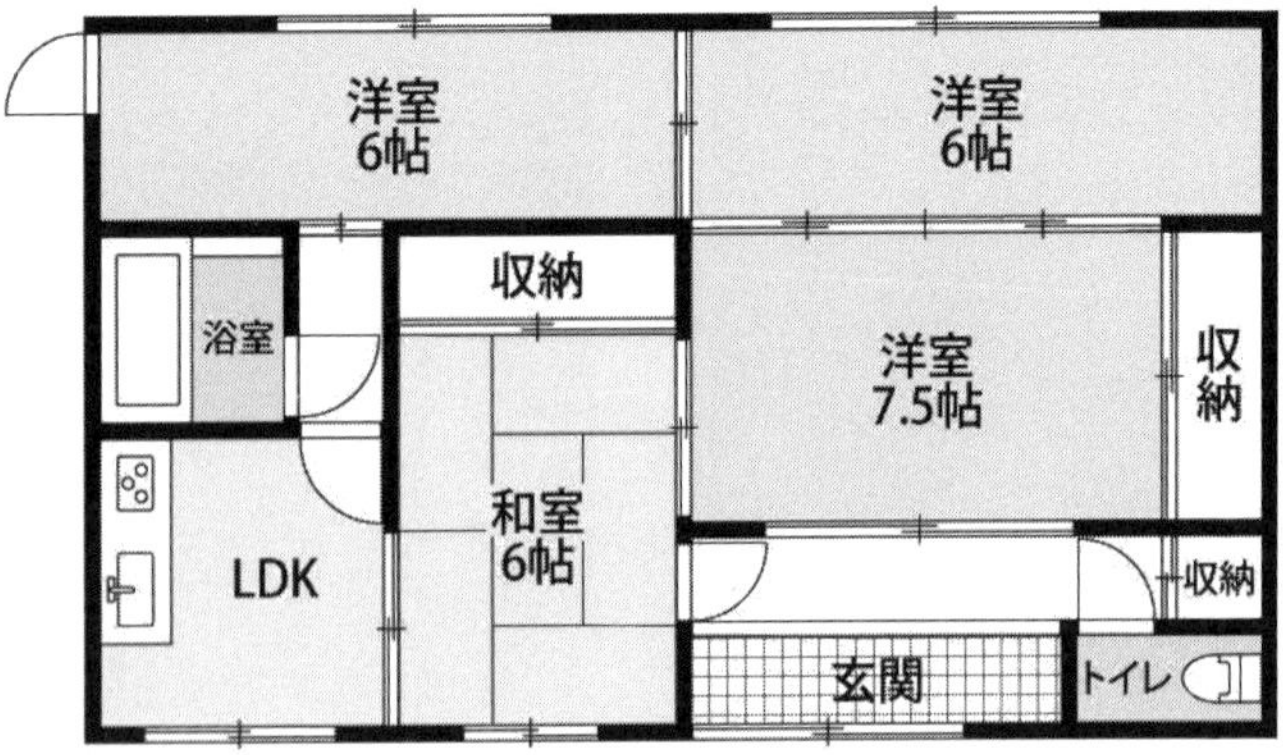

6号物件もアットホームで見つけました。間取りは平屋の4DKで、これも売れ残り物件です。もともと200万円で出ていたのですが、かなりの田舎なのでそのままの価格では高いと思い、問い合わせをしていなかったのです。

数カ月して再確認したところ100万円に下がっていたので、「これは、もっと下がるかもしれない」と考えて問い合わせをして内見に行きました。

1年半の間、売れていなかったこともあり、値下げ交渉の結果80万円で購入できました。

床がペコペコに沈んでおり、洋式トイレではあるもののくみ取り式です。面倒な修繕が必要となる物件のため誰も買わなかったのでしょう。

修繕費をかけてでも買おうと決めたのは周りにコンビニや薬局、スーパーがあり、近くにアパートも建っていたためです。周辺に人が住んでいるので、たとえくみ取り式のままでも家賃3万円台まで下げれば入るだろうと判断しました。

ただし、物件のレベルとしては難易度が高かったです。これがもし1棟目であれば、買うのを躊躇するくらいです。

そのときは既に1号物件から5号物件までの経験値があり、先輩大家さんや仲間の大家さんの協力もあるのでチャレンジできました。

キッチンの床の工事、それと調べたら雨漏りがあったので直し、雨染みができた天井に板を貼り付けて修繕しました。あとは残置物の撤去です。

6号物件の修繕費は全部で約40万円でした。セルフリフォームの甲斐あって材料費のみで安く抑えることができました。

ちなみに、私は極力水回りを直さずに貸しています。キッチン、洗面所、浴室等は一番お金がかかる部分なので、直さずに家賃がつく物件だけを購入するよう意識しています。そのため、水回りのチェックは毎回徹底しています。

水回りのチェックをしていても、建物によっては数年住まわれていないケースもあります。実際に水回りを使用し始めて、水漏れ、配管トラブルにより予想外の出費が発生する可能性もありますので、水回りは重要なチェックポイントです。

6号物件は、修繕の難易度にくわえ、入居付けで初めて苦戦しました。もともと5万円で募集をしていたのですが、内見が入るものの一向に決まりません。

その理由は敷地内に駐車場がないことでした。不動産会社さんから「歩いて20秒くらいの場所に月極駐車場がありますと聞いていたので、駐車場がなくても問題ないと判断したのですが、やはり戸建てに住む方は、敷地内駐車場を重視されます。

半年経っても決まらず、家賃を3万5000円に下げたところ、ようやく成約しました。この家賃設定は地域最安値ですから、この金額より高いところに住みたいとならない限りは、長く住んでいただけそうです。

トイレ

外観

居室

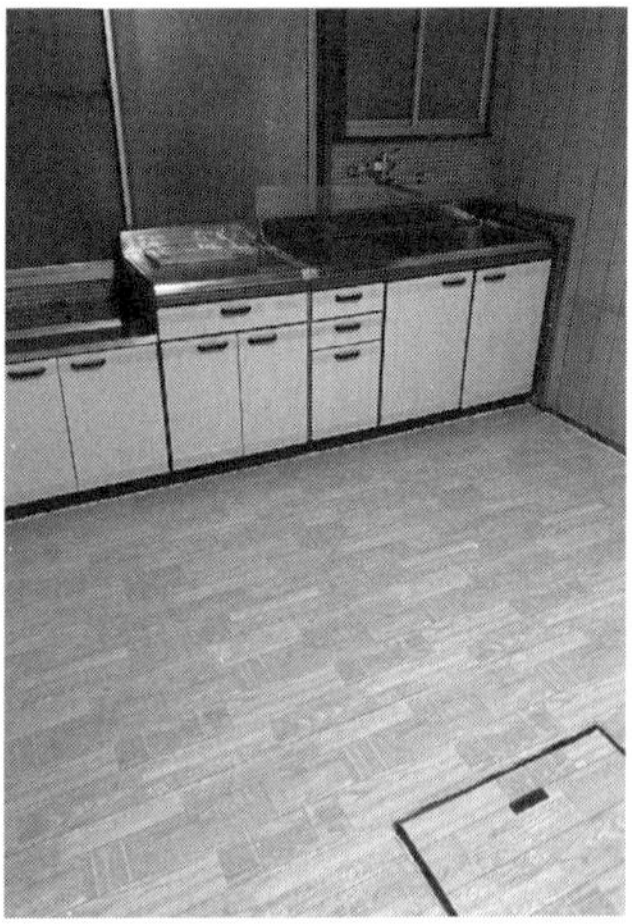

キッチン

物件探し　1週間ルーティン

不動産投資をはじめた年から勢いよく物件を購入していることもあり、「仕事と不動産投資の両立をどのようにしていたのか」をよく聞かれます。本項では、1日のスケジュールでどのように物件探しを組み込んでいたのかをご紹介します。

私は会社員をしながら物件を買っていますが、平日はきちんと出社しています。そのため、大家業として動けるのは土日と祝日くらいです。それでも物件購入やDIYはひととおりできました。

物販をするのは平日の朝と晩です。物件の修繕ともなれば丸1日が必要なので、土日祝日に物販業はできません。

平日は、出社前に必ず物販の商品チェックやリサーチを行います。そして会社から帰宅すると、商品が届くことはあっても配送作業はしません。

商品はほとんどネットで買っているため、実店舗へ赴くこともありません。ネット上で買って届いたものを売るために倉庫へ送るだけです。平日のメイン業務は、リサーチと仕入れ個数を決める程度でした。

物販業にさく時間は少ないと1日当たり30分です。梱包や発送をするときだけ2時間ほどかかりますが、平均すると1時間弱程度でした。それを週5日こなします。

週末は不動産賃貸業です。内見に行くときは1日に4〜5件くらい集中して赴き、買い付けを1戸ずつ順番に入れていくのを毎週土日は必ず予定を立てて行っていました。

物件の修繕中は行けませんが、買いたいと思ったときは毎週これを繰り返していたのです。

週末に集中して内見するのは初心者でもできると思います。私は朝早く起きて内見する物件を探していました。

物件を5つほどピックアップし、会社のお昼休みに電話で問合せをします。それをしながら週末の予定を調整していました。

昼休みになると私が頻繁に外で電話をしていたので、同僚からは不思議がられましたが、不審な印象は与えていなかったと思います。

不動産屋さんが内見に対応してくれるのは早くても午前9時です。そこから夕方5時くらいの間に回れるのは4件、多くて5件でしょう。このルーティンをこなした結果、1年ちょっとで6軒が買えました。

サラリーマンの方から「家族に大家業を理解してもらうのが難しい」という声も聞きます。私の場合は、妻の「好きなことをやったほうがいい」という後ろ押しもあり取り組めています。とはいえ、家族時間は大切です。内見場所は自宅から少し遠いので、ちょっとした家族イベントになりました。

1日を内見に費やすとはいえ、きちんと調整していても車移動だと少しタイムラグができます。

そこで、1時間くらい空いたらその地域の公園で一緒に遊んだり、周辺の人気店やおいしいお店を散策することもあります。周辺環境を散策することで、スーパーの位置や小学校までの距離、近隣アパートの空室状況をリサーチすることができます。

物件修繕中 1日のスケジュール

続いては物件を購入してから、「どのような時間割でDIYを行っていたか」を紹介します。

購入する物件は、自宅から車で1時間～1時間半で行けるエリア内と決めていました。その理由として、物件トラブルが起こった際にすぐに駆けつけることができること。リフォーム・修繕の際の移動時間短縮、交通費削減になります。リフォームする際は事前に、ネットやホームセンターで仕入れていました。

修繕する当日は、材料など必要なものが全部そろえてある状態で迎えます。朝6時に出発し、7時から作業をはじめます。週末は道が混雑しますが、早い時間なら渋滞はしません。基本は妻と二人で作業をします。タイミングが合えば、不動産仲間が応援に来てくれます。最初と最後は妻と二人で夜8時まで行うこともあります。

夫婦ともに正社員として平日は働きに出ていたので、土・日に仕上げられなかった場合は、次の週に持ち越しとなります。エリアは絞っているものの、リフォーム・修繕に時間がかかると入居付けまでの期間が空き、機会損失へつながります。

いよいよサラリーマンを卒業!!

2020年3月から不動産の勉強をはじめて、勉強期間も含め1年半で6軒を所有できました。家賃収入は月34〜35万円で無借金です。

6軒目を購入したときの給料は30万円にも満たなかったので、家賃収入が30万円を超えれば、あとは自分が労働して少し稼げればなんとでもなると感じていました。だからこそ私は、突っ走るように大家業に励んだのです。

そして、32歳で会社を辞めました。その際、悩むことは何もありませんでした。物販など、他の収入源が多少なりともあったのも決断できた理由の一つです。

もともと不動産をはじめるタイミングで、仲間の4人みんなで目標を決めていたのです。会社を辞める年齢や、そのときの家賃の金額などです。

当時の私は「35歳で退職する！」と目標設定していたので、結果的に予定よりもかなり早いリタイアとなりました。

退職時の年収は不動産投資が430万円、物販が200万円。会社員の年収は400万円でしたので、他の収入が大幅に超えてきていた時期でした。

当時、私の妻は正社員で働いてくれていました。1年間やってみて、まったく成果が出なければ、「もう一度会社員に戻る」と妻に伝えて理解してくれました。

退職理由として、会社への不満や人間関係のトラブルが多いと聞きますが、私もその一人です。

入職当初は先輩上司はよくしてくれたものの、私が提案や企画したことに対していい顔をすることはありませんでした。会社に所属し、この人にずっとついていくことに辛さを感じました。

それが不動産では、「この人について学びたい！」と心から尊敬できる人に教えてもらっていたことや物件ごとに学びがあり、入居者様に感謝していただけることが自身の活力となりました。

お金よりも時間が重要という価値観

決意はしたものの会社に辞職の意向を伝えるのは言い出しにくく、少し勇気がいりました。ただ会社での私は良くも悪くもそこまで出世していなかったので、強く引き止められる存在ではありませんでした。

役職は一番下で部下がいなかったのも大きいです。

また、病院に勤めていたことでコロナ禍により労働の厳しさが増した状況も、私が勤続するうえでマイナス要因でした。消毒用アルコールやマスクも入ってこなかった時期があり、もしも病院内でコロナが発症でもすれば、この騒ぎにずっと対応していかなければならない不安にかられました。

上司や同僚には、素直に「自分の力で仕事をやっていきたい」と話しました。独立起業をネガティブにとらえる人はおらず、ほとんどの方が「頑張れよ！」と肯定的にとらえてくれて、ありがたく思いました。

会社を辞めたのは、２０２２年の3月末です。

当時は手元資金が少なかったこともあり、家賃を得ながら会社の給料と合わせて貯める期間が約半年間ありました。その間に引き継ぎをきちんと済ませました。

実際に辞めるとなったときは解放感で胸がいっぱいになりました。教師を5年、会社員は３年とはいえ、合計すると10年近く勤めていたのです。

ＦＩＲＥするには、きちんと目標設定するのが大事です。「生活に余裕ができるキャッシュフローに到達してから」という方がほとんどだと思います。

ところが私は最低限の収入を得たらすぐにでも辞めて、「まずは時間を確保したい」と望みました。私がこう考えるのは、おそらく物販など事業経験があるからだと思います。自分でお金をつくれるようになったので、そこまでキャッシュフローに固執しなくなったのでしょう。

変化する考え、現金から融資へ

またキャッシュフローが多い人は、たいてい借金をたくさん抱えているものです。借金が多くなればリスクが生まれます。初めのうちは、規模は小さくても借金のないほうが強いのではないでしょうか。

多くの方と同じように、私も最初、借金は怖いものだと信じていました。ですから妻にも借金の話はしなかったし、むしろ現金で使えるお金が目に見えていたからこそ、お互いに協力ができたのです。最初から1億円の借金を背負っていたらきつかったでしょう。

不動産投資をはじめて1年間はこのような考えをしていましたが、退職を決めてからの半年間は、新しく買うのではなく、融資に取り組みはじめました。

というのも私は6軒目を買ったころには、さまざまな「大家の会」で勉強をさせてもらっていました。どこの会にいっても、投資規模の大きい人は100人中100人が融資を使っていました。

現金だけでは限界もあるし、やはりスピードを上げるためにも融資を受けるべきだと考えたからです。融資を使うことによるレバレッジのリスクも、ある程度の経験値を積んだことでコントロールできると判断したからです。

レバレッジというのはテコの原理と同様で、少ない力で大きなものを動かすのと同じように、少ない元手でもレバレッジをかけることにより、大きな利益につなげられます。大きな利益を得られる反面、失敗に対しても大きくなりがちなのが、レバレッジの怖さでもあります。


こうして考えを改めたものの、そう簡単に融資の扉は開きません。

融資というものは、居住地、年齢や転職歴、貯蓄、所有物件や購入予定の物件の評価など、さまざま要因があるものですが、私が会社員時代に打診した際は、自己資金の有無に関係なく、「会社員で不動産を副業にしている人への融資はしません」というスタンスの銀行しかありませんでした。

ですから会社を辞めて、ようやく融資が通りました。会社を辞めると融資が受けにくなってしまうのは、一定以上の収入があるサラリーマンで、それ以外は専業できちんと向き合っているほど評価される印象を受けました。

私の最初の目標は「キャッシュフローが月給を超える」というものでしたが、1年で達成して、1年半でFIREしました。

次の目標である家賃収入100万円は、退職した2年後に到達したかったのですが、融資が思いのほか難しく苦戦しています。今のところ小さい融資しか受けられておらず、それが足かせになってまだ達成できていません。

今、私は33歳です。法人もまだ2期が終わっていませんが、融資の数は6本、金額は8000万円になります。

現在は3～4カ月ほど開ければ、数千万円程度の融資は受けられますが、何億円単位の融資が引けるようになりたいです。それができれば、次の目標である家賃年収1億円も達成できるでしょう。

まとめ

勉強を続けて知識を蓄積することはとても大切だが、インプットだけでは進まない

学びながらどんどん行動すればスピードアップできる

目標を低めに抑えるか、自己資金を厚くすれば、目標達成率が上がる

第3章

全国
どこでもできる
超高利回り
物件の探し方

物件探しの基本

本章では誰にでもできる高利回り物件の探し方を解説します。

条件のよい空き家はなかなか見つからないものの、空き家の数自体は莫大にありますから、ある程度絞って検索するのが効率的です。まずは物件探しの基本として、初心者でもできる検索の仕方について説明します。

エリア選定は通える範囲で

空き家は全国のあらゆるところにありますから、物件を探すときはエリアを最初に決める必要があります。

私が選んだのは自宅から高速道路を使って1時間〜1時間半で通える範囲内です。その理由は物件の内見、そして購入後のリフォームやトラブル対応がしやすいからです。

イメージ的には自分の住む都道府県の近隣のエリアまでです。私の場合は愛知県に住んでいるので東海四県が対象になります。東京に住んでいる人は一都三県プラス北関東や山梨、静岡などが対象になるかと思います。

ファミリーニーズの見分け方

ある程度の都市部になると駅からの近さなどの利便性を重視することが多いですが、地方の場合は必ず近隣の学校を調査しましょう。

私はエリアを選ぶ際に、小中学校が近隣にあるかどうかを見るのが一番大事だと考えています。もちろん人口や周辺環境も見ますが、人口が多いからといって必ず賃貸の需要があるとは限りません。

だいぶ田舎に思えても、学校の規模がそれなりにあれば、ファミリーニーズは高いということが推測できます。

これは、その町が積極的に子育て支援をしているかといったことにも関係します。

そして、それらの学校が物件の徒歩圏にあれば、ファミリー向け戸建てとして強い競争力を持つことになります。

小中学校のリサーチでは、生徒数もチェックしましょう。

地方に行くと各学年1クラスしかない町や、中学校の場合は1クラス当たり20~30人ほどで、3学年合わせても100人に満たない学校もあり、その場合はファミリー属の入居付けは難しいかもしれません。

戸建てはファミリー属の需要が高いため、購入エリアの子どもの数は大切なポイントとなります。

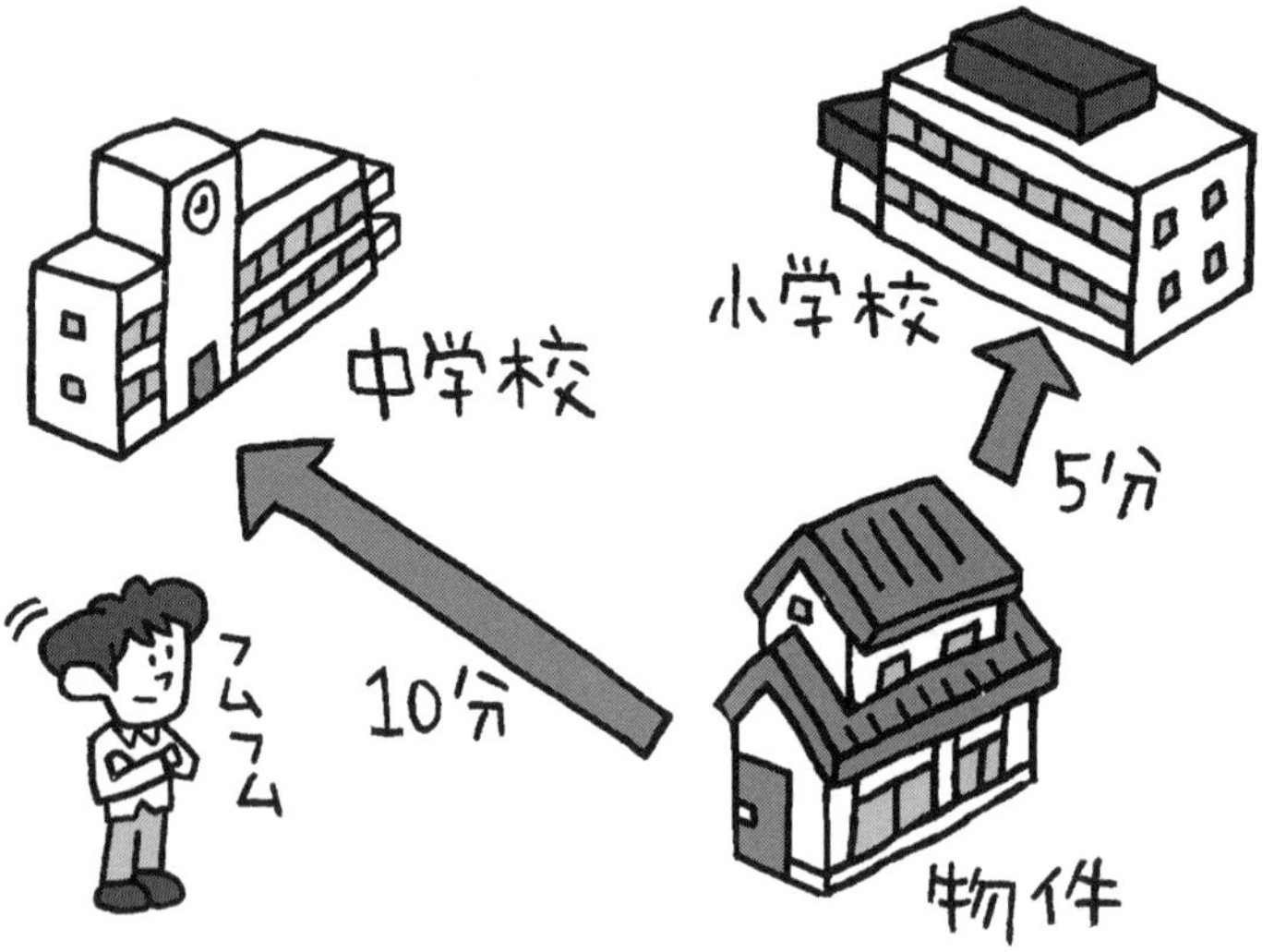

価格設定は希望額より高めに

私が物件売買サイトを閲覧する際、価格の条件を500万円以下に設定しています。実際に問い合わせるのは200～300万円のものが多いです。逆に、後々指値（さしね）する可能性があるので、100万円以下に絞って探すようなことはありません。ただし、実際に購入する価格は手元資金によります。とにかく200～300万円の物件を指値して、どれだけ安く買えるかが大事です。指値については次章でくわしく解説します。

戸建ての場合、築年数は気にしない

私はアパートやRCマンションの場合は築年数をチェックしますが、築古の戸建てや空き家なら築年数は気にしません。私が持っている物件は築浅でも40年は超えており、古いと築100年にもなります。

なぜなら入居の実績をみても、築年数を気にする入居者さんは比較的少ないです。ただし広さは、３ＤＫ以上は欲しいです。ある程度の広さがあれば「ファミリーで住める」という戸建てのよさが出ると思っています。１Ｋや２Ｋなど小さな戸建てもありますが、これでは戸建てのよさが活かされないでしょう。

逆に、あまりにも広過ぎるとリフォームコストがかかるリスクはありますが、物件としての価値が上がる可能性もあるので状況に応じて判断します。

地方では駐車場が必須

駐車場は田舎に行けば行くほど必須です。そのため敷地内の駐車場が2台以上あると入居付けがスムーズでしょう。

駐車場がなくても、近くに月極駐車場があれば入居付けはできないことはないですが、苦戦する可能性はあります。

私の経験上、地方の戸建ては敷地内に駐車場があるかどうかで入居の判断に大きく影響します。実際に「月極駐車場まで歩かないといけないから入居を見送りました」と言われることが多くあります。

ある程度の都市部では、駐車場がなければ月極駐車場に停める認識もありますが、地方では敷地内に駐車場がある物件が主流なのです。

つまり、都市部に比べて地方の戸建てでは、敷地内に駐車場があるか、そして2台を縦列で停められるかはとても大事です。駐車場があるかどうかは、現地へ行かずともそれなりにわかるものです。

基本的には物件情報に駐車場の有無が書かれてあります。

住所がわかるときは、「駐車場無し」と書かれていても、Ｇｏｏｇｌｅマップを利用しあらかじめ内見前にチェックをしましょう。ときには庭をつぶせば駐車場にできる場合もあります。

物件探しはポータルサイト一択

物件をいくつか買うと不動産屋さんから紹介してもらえることもありますが、最初はポータルサイトで探しましょう。

戸建てを探すのに一番オススメなのは、アットホームです。他にも少しマイナーになりますがニフティ不動産や戸建てに特化している不動産ジャパン、空き家バンクもあります。

楽待や健美家は、収益物件専門のポータルサイトでマイホーム用の空き家でなくオーナーチェンジ物件が中心です。このあたりのポータルサイトを使って見ていきます。

サイトを訪れたら「戸建て」と検索して探し、物件情報を問い合わせるのが一般的ですが、最近は「土地」から探すことが多いです。「土地」とエリアで検索し、こだわり条件の「古家あり」をチェックすると、土地で売られているけれど、上物が建っている状態の空き家が全部出てきます。

それらは不動産屋さんが「解体し更地にしないと仲介できない」と判断された物件です。400万円で出ていても「更地にして渡しますので150万円でいかがですか?」と聞かれることもありますし、既に値引き交渉ができているケースが多くあります。

不動産屋さんも売主さんも「建物は使えない」と判断しているわけですが、中には外観を見ると住めそうな物件も紛れています。この探し方はお宝物件が出てきやすくオススメです。

物件探しにオススメのサイト

アットホーム

賃貸も売買も扱う不動産総合サイトだが、全国の戸建ての情報が充実している

https://www.athome.co.jp/

ニフティ不動産

複数の不動産サイトの情報が集約されているため情報が多い

https://myhome.nifty.com/

不動産ジャパン

国土交通省が支援する不動産総合サイトで、不動産流通業者が取り扱う物件情報を網羅的に消費者へ提供

https://www.fudousan.or.jp/

アットホーム空き家バンク（空き家バンク一覧）

「空き家バンク」とは空き家物件情報を地方公共団体のホームページ上などで提供する仕組み。「アットホーム空き家バンク」には750（2023年12月時点）自治体が参画している

https://www.akiya-athome.jp/government/

楽待

国内最大の不動産投資情報サイト

https://www.rakumachi.jp/

健美家

不動産投資情報サイト。コラムなど不動産情報以外のコンテンツも充実

https://www.kenbiya.co.jp/

自社サイトもチェックしよう

物件の問合せをしながら、同時に不動産会社さんのホームページを検索してチェックするのもオススメです。

大手のポータルサイトに掲載するには費用がかかるため、売りにくい物件は掲載されていないことがあるからです。

ですから不動産会社の名前をネットで検索してホームページを閲覧し、その地域ならではの物件情報を見ましょう。同じエリアで戸建てを複数販売している場合は、別の物件も掲載していることがあります。

ホームページから問い合わせてもいいですし、電話をかけて「他に物件があれば一緒に資料を送って欲しい」と頼むのもいいでしょう。そうすると1回の問合せで物件情報を3件くらいもらえることがあります。

そのときは買わないという結論になったとしても、自分の希望する金額やエリア、物件の特徴を伝え、「現金があり、買う準備はできているので紹介してください」とお願いしておけば、向こうから連絡をくれるようになります。1本の電話ですべて完結するのでそれほど手間はかかりません。

効率よく進めるための工夫は大事です。このように探していくと紹介してくれる方々が増えていきます。

自社サイトがねらい目なワケ
・ほかには出ていない物件情報が載っている可能性が高い!
・同じエリアの物件に特化している場合が多い!
・チェックしている人が少ないからライバルがいない!

絶対に買ってはいけない物件とは？

物件を探す際には金額ばかりに注目しがちですが、「内見に値しない物件」というのも存在します。「内見に値しない＝物件情報段階から買わない物件」です。

「どんな物件ならパスするのか」というのは、その投資家の経済力や属性によって分かれるところがあります。

ターゲットにしているエリア特性、自己資金の有無や融資が使えるかどうか、など複数の理由がありますが、ここでは田舎の空き家で高利回りを目指すのであれば……という視点でNG物件を解説します。

雨漏り

内見の前に買わないと決めるのは、ひどい雨漏りがある物件です。もちろん雨漏りも修繕すれば直る可能性は高いのですが、内見しても費用を判断しづらいので、電話の段階で「雨漏りがかなりあります」と言われたら見に行く対象からは外します。

一方、「床が少しゆるいです」と言われるのは私にとって問題ではありません。シロアリの発生も駆除法がわかりやすく、事前にわかるのはいいことです。

要は、直す金額が把握できるかどうかが肝なのです。それができれば「床の修繕で30～40万円はかかるので、これくらいの価格で買わせて欲しい」と伝えられるし、修繕の心構えもできます。もし、その金額ではダメだと言われたら次へ行くだけです。

借地権

借地権とは、借地借家法（土地や建物を借りる際に適用される法律）で定められた「建物を建てるために第三者から土地を借りる権利」を指します。要は建物を建てることを目的として、地主さんに地代を支払って土地を借りる権利を購入するのです。

土地が付いてくるのは戸建てのよさのひとつです。ですから、土地の所有権のない借地権の物件は、よっぽど安くて好立地でない限り購入しません。借地権の物件はオーナーチェンジで売却するときも出口を取りにくいでしょう。

借地投資に向いているのは都心のいい場所です。地方にある土地値が付かない場所では借地のメリットがありません。

再建築不可

再建築不可物件とは、未接道など建築基準法の接道義務を満たしていないため、建て替えられない物件を指します。

再建築不可の物件は安く売りだされていることが多く、収益性が高いため一部の投資家が再建築不可物件を狙っているケースもあります。

再建築不可物件は、地方の戸建て投資初心者には不向きです。なぜなら地方は車持ちが基本だからです。2メートルの接道義務を満たしていないということは、つまり道が狭いわけで、車が入れにくい家は客付けが難しくなります。

売却の出口も取りにくくなりますので、最初のうちは再建築不可物件を除外していいでしょう。わざわざ初心者がハンデのある物件を買うべきではありません。

くみ取り式トイレ

くみ取り式トイレも初心者には不向きです。家賃が低くなってしまうので、最初は条件から外したほうがいいと思います。

くみ取り式トイレを下水あるいは浄化槽（小型の汚水処理設備を敷地内に埋め込み浄化してから排出する仕組み）につなげて水洗トイレにすることはできますが、およそ100万円以上はかかり、費用対効果が見合わないのです。

なお、浄化槽だからといって買ってはいけないということではありません。関東圏であっても首都圏から少し離れれば田舎になり、くみ取り式トイレがあります。また下水が整っていないため、浄化槽の物件もたくさんあります。

浄化槽は点検費と清掃費で年間4～5万円ほどかかります。つまり、家賃が5万円だと1カ月分の家賃が毎年消えるのです。こうしたプラスのコストがかかるということを加味して購入するようにしましょう。

買ってはいけない物件

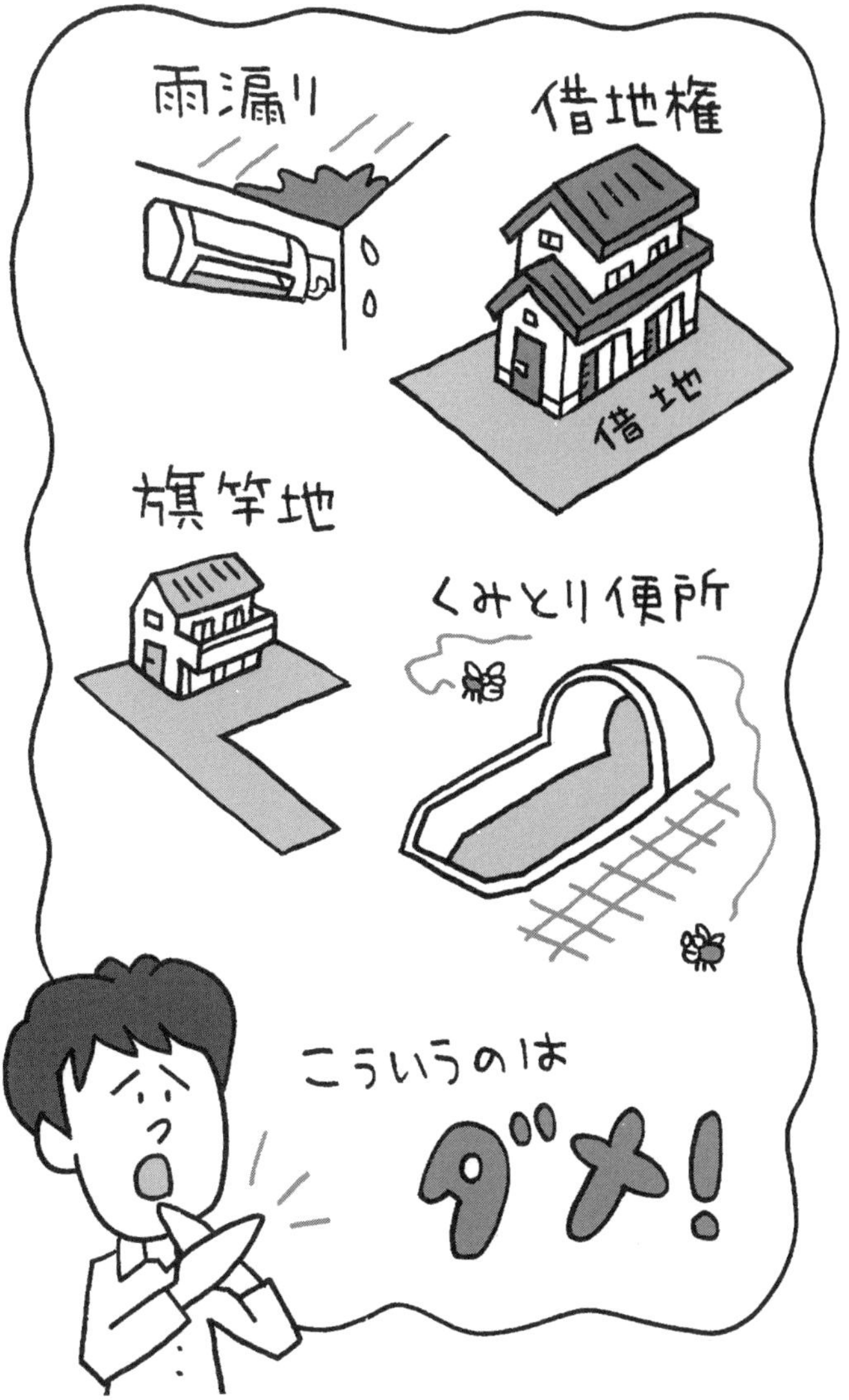
雨漏り
借地権
借地
旗竿地
くみとり便所
こういうのは
ダメ!

まとめ

値段を抑えるためには、エリアを広げる
ただし通える範囲内で！

物件の選定基準を明確にすることで、
物件選びが効率化する

買ってはいけない物件のリスクを
事前にしっかり把握しておくべし

第4章

ここが肝、絶対に負けない物件購入術

平日に物件をピックして週末に内見

私は物件を買うため、毎週末ごと複数軒を見に行きました。これを続けるのは大変ですが、買えるスピードが大幅に増すのでルーティンとして毎週行うことをオススメします。

内見の準備として平日は物件探しで不動産屋さんに問い合わせます。電話をするときも、1本の電話で3軒くらい紹介してもらうことを目標にして効率的に進めましょう。

問合せ件数の目安は、平日の5日間で最低でも10〜15軒です。10〜15軒に問い合わせて資料請求しても、机上でスクリーミングして実際に内見へ行くのは3〜4軒のイメージです。その3〜4軒を土日で見に行くのです。

その際はエリアを固めたほうが行きやすいので、各物件間の距離は車で30〜40分になるように調整しましょう。

内見の当日は現地へ少し早めに行き近隣を歩きます。内見の後にも歩くのがオススメです。

物件調査で私がもっとも重視しているのは不動産会社の担当者と関係性を築くこと。物件を紹介してもらえる関係性がつくれると、自分が動かなくても情報が入ってくるようになります。

そのためには1回会って「この人は買ってくれそうだな」「紹介したいな」と思ってもらえることが大事です。

内見に行く前は家で基本情報を調べ、Ｇｏｏｇｌｅマップでもチェックします。基本情報で調べるときにもっとも大切なのは前述した学校です。それ以外は駐車場の有無についても見ます。

ポイント1 雨染みのチェック

チェック項目の1つ目は天井や軒天（のきてん）です。はじめての内見時に屋根は上れませんが、天井や軒天を見て雨漏りがあるかどうかを1階と2階の両方でチェックします。

先ほども記したとおり、天井や軒天はもっとも費用がかかる可能性があるところです。軒天がこわれて雨が漏れないかを最初にチェックしましょう。

雨漏りがしているかどうかは素人

多少の雨染みなら許容

でも見ればわかります。少し雨染みがある程度ならそこまで費用はかかりませんが、雨漏りで天井が抜け落ちているときは、修繕費がどの程度かかるかが読めないのでパスします。

ポイント2　水回りのチェック

次にチェックするのは水回りです。お風呂、キッチン、トイレがもっともお金がかかります。

それぞれクリーニングをすれば貸し出せる状態が理想的です。ただ、そういった物件は少ないので、キッチンだけ新品に入れ替えるなど多少の修繕は必要でしょう。

トイレが和式だと入居付けがとても弱くなるので洋式にしたくなりますが、洋式に替えるには30～40万円ほどかかります。

水回りをあちこち直さなければならないときは、トイレ、お風呂、キッチンがある程度キレイな状態のものを買ったほうがよいでしょう。

●お風呂

お風呂は状況によって変わりますが、築古のお風呂で一番いいのは浴槽と床が石っぽいタイル張りのタイプです。

タイル張りの床に専用のシートを張り、壁や浴槽をお風呂専用のペンキで塗る程度の施工なら、職人さんに頼んでも20～30万円で収まります。

ポイントは取り換えるのではなく、あるものを生かすこと。入れ替えるともう少し高くつきます。

●キッチン

キッチンの入れ替えはプロパンガ

水回りはそのまま使えるのがベスト

ス屋さんにお願いします。賃貸用のキッチンであれば取り付けも含めて費用は10万円前後です。

●洗面所

水回りの中では洗面所がもっとも安くあがり、入れ替えたとしても6～7万円です。

水回りが全部使用できないときは100万円近くかかってしまうので、水回りがどれくらいキレイかは、できれば内見前に電話で聞いておくのがオススメです。トイレが和式か洋式かだけでもわかると心構えが変わります。

ポイント3 床のチェック

雨漏りと水回りを見たら、次は床の状況をチェックします。

床でよくあるのはゆるくなっているパターン。ゆるいというのは、床がフカフカと柔らかいけれど、特にひび割れやギシギシとした音などがない状態のことです。

ゆるいときの原因として一番多いのは、合板という床の上に敷いてある板が湿気で弱っているケースです。

この場合は、板を全部外して新しい板に貼りかえれば元どおりになります。合板の貼りかえ工事は6畳程度で10～15万円です。

畳敷のときは、可能であれば1回はがして下の状態を見たほうがよいでしょう。畳があると床の状態がわかりにくいからです。

そこで、不動産会社の担当に「畳を一度上げてみてもいいですか?」と聞いてチェックしましょう。

畳敷きの床ははがしてチェック

ときには、床をはがしたあとにシロアリが見つかることもあります。シロアリの駆除代は平米当たり1000円程度、高くても1500円でしょう。シロアリのリスクを考えつつ床をチェックし、最悪の想定をします。

ポイント4 壁のチェック

室内の壁も見ますが、壁紙は張り替えればキレイになるので、そこまで気にしなくても大丈夫です。張り替える面積によって「これくらいの

壁紙のはがれは気にしない

費用になりそう」というのがわかりますが、優先順位は低くして問題ありません。
ちなみに6畳間の壁紙の張り替え費は、処分費を含めてもおよそ10～15万円です。

ポイント5 建物の傾き

建物が傾いていないかどうかは、内見時でなければ判断できません。よくある古典的なチェック法はビー玉転がしですが、最近は水準器というアプリでも調査できます。

傾きは多少ならOK、大きくはNG!

傾きがあると住んでいるうちに違和感が出てきます。古い物件だと傾き過ぎて窓や障子、ふすまが開かないというトラブルも起こります。

傾きをチェックするときは窓などがスムーズに開閉できるかも確認しましょう。

傾きのある空き家を購入するのはオススメしません。

よほど安く買えるなら直してもいいですが、傾き自体はジャッキアップで対応できるものの、根本から直すのは難しいものです。あまりにも傾いている物件なら私は買わないと判断します。

ちなみに傾いている家を貸す場合は、大工さんや建具屋さんに調整してもらい、建具が開閉できる状態に直しますが床の調整まではしません。現況で了承してくれる方に貸します。

ポイント6 外壁のチェック

家の中を確認したら外壁の状態をチェックします。

そのまま貸せるかどうかの判断基準は難しいのですが、一番は見た目です。見た目が悪いと外観写真を見ただけで問合せをやめる可能性があります。もちろん雨漏りなどのチェックも大事ですが、なにより大事なのは見た目のよし悪しです。基本的には外壁を修繕しなくても貸せるかどうかを確認します。

クラックがあるのもよくないので注意します。機能的に大丈夫かどうか、クラックがあるかどうか、外壁の塗装費は高いので、チョーキング（白亜化現象とも呼ばれる外壁の劣

外壁の修繕が必要な家は避ける

化）が発生していないか建物をさわり白くなるかどうかを見て状態を判断しましょう。さわって白くなるのは防水機能が落ちているサインなので、白くならないかどうかをチェックします。

汚くないかどうかも大事ですが、私は基本的に高圧洗浄をしません。もちろんしたほうがいいのですが、そもそもキレイな物件が少ないので、むしろそのままのほうがいい場合もあるのです。

なぜなら壁だけをキレイにしてもほかがボロいと、かえってボロいところが目立ってしまう可能性があるからです。ほかにも高圧洗浄機で外壁を掃除すると、塗膜が傷つき、かえって汚れやすい状態になる可能性もあるからです。

いずれにしても、見た目がボロくても貸せるかどうかは、家賃を含め条件によって変わります。外観・内観ともキレイにして家賃を何万円も上げられる物件であればそれでもいいですが、修繕にお金をかけ過ぎないのは大事です。

ポイント7 周辺環境

最後にチェックするのは周辺環境です。スーパーやコンビニ、小中学校、駐車場が物件の近くにあるかを確認し、実際に住みやすいかどうかを把握します。

お墓などを気にする人もいますが、安く買えるなら気にしません。

近隣にアパートがあるときは空室状況や家賃を現地で確かめます。これで現地調査は終わりです。

お墓があっても問題ない!

指値を成功させるためのコツ

家賃の相場は内見前に調べます。そのエリアで検索をかけるのが一般的です。具体的には、「○○市　戸建」「○○市　賃貸」とSUUMOなどで検索して、同じような物件の家賃を調べます。

最近はジモティーで募集している人もいるので、それを見るのもオススメです。「これくらいの家賃だと反響がきそうだな」「あまり反響がなさそうだな」など、いろいろとわかります。

そうやって調べた物件よりも、少しだけ安くして家賃設定するのがコツです。

家賃を想定したらそこから利回りを計算して、「いくらで買うべきか？」という購入金額を決めます。そして、売り出し価格から購入希望金額の差額を割引できないか交渉します。このときの希望金額を指値（さしね）といいます。

指値は最初の電話の段階で、予算と購入検討金額を伝え、売主さんに受け入れてもらえそうかを聞きます。

すでに複数の問合せが入っている場合、そのままの価格で売れる可能性が高く、「これ以上金額を下げるつもりはない」と言われたら、その内見は入れません。

売主さんに、「打診することはできる」と言われたら内見に行きます。

地方だと大幅な指値に拒否反応を示される声も聞きますが、大事なのは聞き方でしょう。単刀直入に「安くしてください！」とお願いすればお断りされることもあると思いますが、「２００万円で買えるか売主さんに聞けそうですか？」とイエス、ノーで答えられるような質問を投げると答えてもらいやすいです。

普通に戸建てとして売っている場合は、雨漏りやシロアリを理由にするのが有効です。不具合が事前にわかっていれば、内見前に金額の交渉余地について確認できます。

一方、事前の情報がなく、その場で見て判明した場合は、内見後に不具合を指摘します。たとえば「キッチンが○○だった」「お風呂が○○だったので修繕費がかかるため、これくらいにして欲しい」と理由を述べて交渉してみましょう。

事前情報でわかっているのに指摘するのは「もともと知っていただろう」と言われてしまうので内見後は理由にしません。

それまで長らく買い付けが入っていない……という物件であれば、理由を添えず「この金額だったら買います」と伝えるだけでいい場合もあります。

また土地として売っていて建物が使えないことが前提だと、建物理由での指値はできませんので、「この金額だったら私はすぐに買います」と金額を提示するのがいいと思います。それまで長らく買い付けが入っていない……という物件であれば、理由を添えず金額を伝えるだけで指値が通る場合もあります。

人気があり買付がどんどんきている物件は、そもそも指値が通りません。

いずれにしても指値は状況を見ながらうまく進める必要があるため、マニュアル化は難しいです。

指値が通りやすくなる伝え方

ただ値切るのではなく、「イエス」「ノー」で答えやすく頼む

〇〇万円で買えるか売主さんに聞いてもらえますか？

先方が納得しやすい理由をいう

お風呂の修繕費用が〇〇円くらいかかりそうなので、その分だけ値引きをしてもらえませんか

長らく売れ残っている物件に対しては、必ず購入できる金額を提示

〇〇万円までなら、現金ですぐに買うことができます

トラブルになりがちなNG指値

築古の空き家の場合、売主さんは一般の方で現地にいることも多いですが、金額を直接伝えるのはトラブルにつながるのでやめましょう。

実際、私の仲間も直接交渉でトラブルになりました。基本的には売主さんとは金額の話をしないほうが無難です。必ず仲介業者に頼みましょう。

売主さんにとっては思い出の詰まった大事な家です。「安く値切ったな！」と気分を害されるケースがあります。

そのほか、たとえば楽待などで物件を見つけて問合せを入れたあと、元付業者（売主から依頼された不動産会社）を探して元付から買う行為もしてはいけません。

元付業者のほうが売主に近く、値段交渉がしやすいということ。また、両手の仲介手数料がもらえるので、積極的に話をまとめてくれることが期待できます。

しかし、ポータルサイトにコストをかけて広告を打って情報を出していたのが仲介会社で、仲介会社に問い合わせをしていたのなら、仲介を飛び越して売主に交渉するのはルール違反です。絶対にしないでください。

もし元付業者と取引したいのであれば、仲介業者ではなく、最初から元付に問い合わせるべきです。こちらもトラブルになる可能性が高いので注意しましょう。

3大NG指値
・内見せずに指値
・根拠のない指値
・売主さん直接に指値

契約・決済・引き渡しの注意点

内見後は、まず指値のすり合わせをして買付証明を出し、そのあとに契約という流れになります。現金の場合は契約と決済が同時で、すぐに鍵をもらってオーナーチェンジし、所有権を移転します。

買付が通ったあとの流れはアパートも戸建てもほぼ一緒です。

注意事項の1つ目として、融資の場合は着金日を確認しなければならないので資金の準備を最初にすること。資金の準備がある程度整ったら、契約日と決済日の日程調整を担当の人にしてもらいましょう。

契約決済が終わった段階で、司法書士に登記申請を依頼して物件の引き渡しをします。一軒家の場合なら登記申請は自分でもできます。

登記申請の費用は司法書士の報酬にもよりますが、8～15万円ほどで安くはありません。それを自分で登記申請すると10万円ほど浮きます。

登記申請はそこまで難しくありません。初心者も自分でやって大丈夫です。事前にちょっとした資料だけ用意して印鑑を押してもらうだけです。

登記申請の委任状をもらったら、物件の所在地の法務局に書類を返信用封筒を付けて郵送します。細かいやり方は法務局へ問い合わせれば教えてくれます。

登記申請を自分でしている人は少ないですが最近は増えているようです。軒数が増えるほど自分でやっている人が多いように思います。

物件の価格以外に手付金が発生します。戸建ての場合、契約決済が一緒のときは同時に払うので一括払いになります。

その他、自分で登記を申請したとしても、仲介手数料と契約書に貼る印紙代、固定資産税の精算、火災保険代、登録免許税も発生します。登録免許税は数万円程度です。

諸費用は物件価格の10％ほど見ておけばいいでしょう。その後は、所有時に固定資産税がかかります。また融資を使うときは日々の返済や金利の支払いがあります。浄化槽はメンテナンスコストも発生します。そして半年後には不動産取得税もかかります。

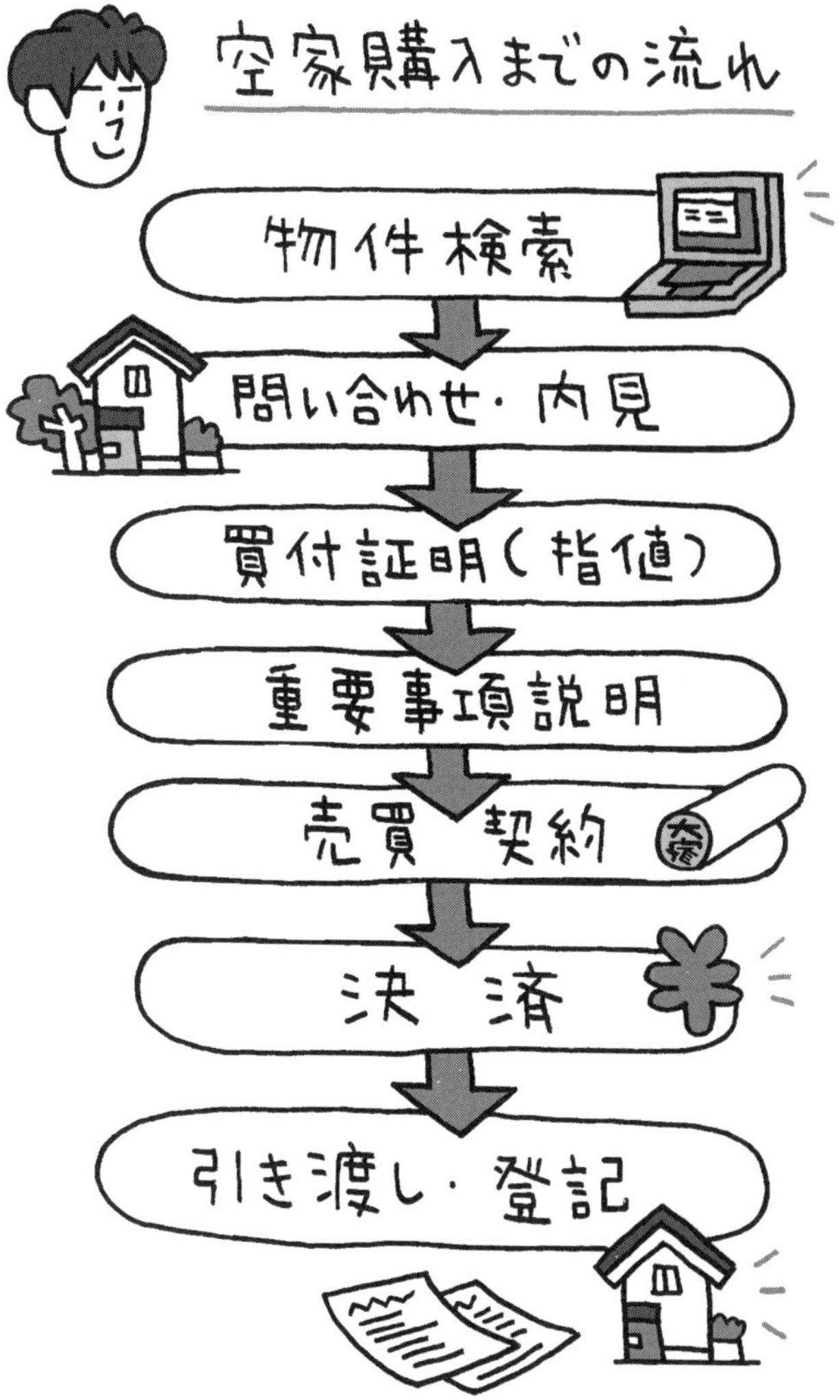
空家購入までの流れ
物件検索
問い合わせ・内見
買付証明（指値）
重要事項説明
売買　契約
決　済
引き渡し・登記

まとめ

よい物件はすぐに見つからないので、内見をルーティン化させ数をこなす

建物のチェックは大事！

物件調査はしっかり行うこと

最初から安い物件を探しても存在しないのも

指値交渉をして安くしていく

第5章

費用対効果を重視したリフォーム術

どこまで直すべきか

買った空き家は商品化しなければなりません。空き家は買うまではもちろんのこと、貸し出すまでのフェーズも大事です。

リフォームをする際は、まずゴールを決めるべきだと考えています。リフォームの目的は新築の状態に戻すのではなく入居可能な状態、最低限の清潔感がある状態をつくることです。

そもそもリフォーム費用は底なしです。お金をかけようと思えばいくらでもかけられますので、どこまで抑えられるかがポイントです。

決してオシャレな物件をつくることが目的ではありません。快適に人が住める状態であるかどうかが基準です。

「費用をいくらかければ、その状態をつくり出すことができるのか」という考え方でリフォームは進めましょう。

清潔感は、基本的には壁と床がキレイであれば問題ありません。スイッチなど古い備品を新しく交換しなくてもあまり気にされません。
それよりも内見や問合せにつながるかが重要なのです。こだわるべきは細かい部分よりも大きなところです。スイッチのパネルを新品に変えたところで内見に来るかどうかはわかりません。

むしろ壁と床がキレイな写真を載せたほうが「清潔感がある！」と認識され問い合わせてもらえます。室内で面積が大きいのは壁と床なので、そこさえキレイならＯＫです。

床や壁、水回りのリフォーム費用の概算は、購入前の現地調査でわかりますから、あらかじめリフォーム予算を立てることができます。

400万円～
500万円かけて
直したキレイな家
床に穴があいて
いて、ゴザで
ごまかしているよう
ような家
安心・安全で
暮らせる家

購入後の流れ

古い空き家は、家電や食器、本、タンス、布団などの家財道具がそのまま残されているケースがあります。ひどい場合はゴミが捨てられず、山積みになっていることもあります。こうした使わない家財道具を残置物といいます。

残置物があるとき、買ったあとで最初にするのは残置物の完全撤去です。床や壁の状況を正確に把握できない可能性があるためです。残置物がない状態で、どこまで直すかを決めていきます。

なお、自分で捨てれば、廃棄代と運ぶためのトラック代で済みますが、業者に発注すると高い費用がかかることもあります。

直す場所を決めたら、自分で修繕するか業者に頼むかを決めます。判断は各人がどこまでできるかによって変わりますが、塗る、貼るくらいまでは自分でして、それ以外はプロに頼むのがいいでしょう。塗る、貼る程度なら、時間とやる気さえあれば7

～8割の人ができると思います。

修繕に着手するのは、まずは天井から。次に壁で、そのあとに床です。天井と壁、床が終わったあとに、水回りなどの設備を入れかえたりキレイにしたりして全体的なハウスクリーニングを行いましょう。

ただ、1軒目からどこまで直すか判断をするのは難しいものです。できれば実績のある先輩大家さんなど仲間に相談するのがベストです。リフォーム検討の前段階で、相談できる仲間をつくっておきたいところです。

まったく経験のない人は大家の会などで情報交換し、同じ地域で仲間を見つけておきましょう。自分の物件をリフォームする前に、仲間のところへ手伝いに行ったり見せもらったりして経験値を積んでおくのもオススメです。

以上がリフォームの簡単な流れです。リフォームが完了したら、入居付けへと進みます。

適正価格でリフォーム依頼するには

戸建てを買うときリフォームの経験値はかなり大事です。どこを直すか、いくらで直すかというのは、初心者にとって一番難しいところだと思います。こうした経験を積めば強みになります。

世の中には激安リフォームをして高利回りを実現している投資家もいますが、自分でネットを調べてリフォーム屋さんに頼むと、想定以上に高い見積りが出てくることもあります。

なかにはぼったくりのような業者もいますが、適正な金額の場合もあります。見積りが高くなるのは、きちんとした状態で引き渡さないと後々クレームにつながるということがあるからでしょう。

その見積りが適正なのか判断しかねる場合は、ここでもやはり場数を踏んだ先輩大家さんの力を頼りましょう。

修繕を依頼する業者さんは、大家さん仲間からの紹介がオススメです。修繕の内容と費用の実績をヒアリングした状態で依頼できるのでトラブルはあまり生じません。

発注するときの注意点としては、どこをどのように直すのかを明確にして依頼すること。丸投げのようなかたちだと全部直す見積りが上がってきてしまいます。明確に依頼しないとリフォームの費用は抑えられません。

大事なのは、工事の内容に対する費用の相場を知ること。そしてＤＩＹで修繕する箇所、依頼する箇所を明確にできるようになりましょう。参考までに私が調べたリフォーム費用一覧を掲載します。

注意点としては、工事費用は内装も含め、コロナ禍以降大きく値上がりしています。コロナ以前の書籍などの情報には、今の相場よりだいぶ安い価格が記載されていますので参考になりません。書籍で学ぶ際はご注意ください。

リフォーム費用相場例

工事内容	単位	単価	セルフ単価
クロス(SP)	㎡	1,200円～1,500円	700円～
クッションフロア	㎡	3,500円～4,500円	800円～
フロアタイル	㎡	4,500円～5,500円	250円／枚～
襖貼替	枚	3,500円～4,500円	1,000円～
畳表替	帖	3,500円～4,500円	
網戸貼替	本	3,000円～4,000円	1,000円～
6帖用エアコン設置(材工)	式	6.5万円～8.5万円	
温水洗浄便座設置(材工)	式	4万円～5.5万円	

リフォーム依頼のコツ

・先輩大家さんから紹介を受ける
・発注の際は丸投げではなくて「具体的」に!
・どこを業者さんに頼むか、どこを自分で直すかを明確にする
・工事費用の相場を調べる
(ここ数年、相場はどんどん上がっている)

リフォーム業者さんと信頼関係を築く

続いて、先輩大家さんからリフォーム業者さんを紹介してもらう際の注意事項です。なかには書籍で覚えた交渉テクニックを、紹介された業者にしてトラブルになることもあるようです。

前提として紹介者の立場も悪くなるので、了承なしの相見積りは控えましょう。あらかじめ相見積りの了承をもらっていれば大丈夫ですが、業者さんとしては紹介で工事を受けるつもりでいたのに、相見積りで他社と金額を比べられるのは「話が違う！」と険悪な空気になってしまいます。

業者さんを紹介してもらう場合は相見積りを取らない代わりに、見積りを先輩に見てもらい、理解できないことがあれば先輩に相談しながら業者さんに確認しましょう。ただし疑っているように見えない工夫をする配慮が必要です。

あるいはもともと自分が他社の見積りを持っていて、「予算の都合でその見積りよりも安くできるところを探している」と事前に提示すれば問題ないかもしれません。
それなりに経験を積んで礼儀がわかっている大家さんならいいのですが、特に初心者だと悪気なく失礼なことをしている場合があります。
いずれにしても相見積りを取るなら、なぜ取るのか理由をきちんと伝えるべきです。そうすれば信頼関係は結ばれていくでしょう。

私も最近は業者さんを紹介しても丸投げせず、業者さんとの間に入ります。修繕の内容や補償できない範囲などを大家さんへ具体的に確認してからつなげればトラブルも避けられます。

エリアが遠いなどの理由でリフォーム業者さんを紹介してもらえない場合は、インターネットで調べて、見積りを取って先輩大家さんに相談するかたちがいいでしょう。

大家業は中長期にわたります。最終的に売却するとしても何年かは持つ人が多いですし、長ければ何十年も持つことになります。つまりリフォーム業者さんとのお付き合いも、1回限りではなく長く続きます。

費用を抑えるのも大事ですが、お金に細かくこだわって相手の気分を害したり、紹介者の顔をつぶしたりといったことは避けるべきです。

急なトラブルで駆けつけてもらいたい事態も生じます。ですから「最初にきちんと関係性を築く」というマインドを持って紹介してもらいましょう。

もう一点、相見積りを取った際の注意事項をお伝えします。いくつかの見積りを取った場合、同じ工事内容のはずなのに、金額がバラつくものです。

よく見ると安い業者さんはそれなりの内容で、高い業者さんはしっかりとした施工という風に、高いなりの理由があるものですが、単純に「高いからダメ、安いからよい」というわけでもありません。

あまりに安すぎる場合は、工事の質が著しく悪かったり、経営内容のよくない会社だったりすることもあるので、やはり値段だけを重視するのではなく、信頼できる業者さんに発注するのが理想です。

相見積りとは

相見積りとは、複数のリフォーム業者さんに見積りを取ること。同じ工事を発注しても値段にバラつきがある。

リフォーム依頼書

【施工依頼箇所】
シロアリ駆除

【現場情報】
〒○○○-○○○○
○○県○○市○○○○
キーボックス: ○○○○
駐車場○台あり、土地面積○○平米、建物面積○○平米

【見積り金額】
見積り金額を事前にご連絡ください。
○○○○○円(税込)

【予定工期】
予定工期を事前にご連絡ください。
○月○日(○)～○月○日(○)完了予定

物件外観写真

施工箇所写真

効率のいい工事発注の仕方

リフォームを工務店などに一任すると高くなります。

水道は水道屋さん、電気は電気屋さん、大工仕事は大工さんとバラバラに発注すると安くなりますが、その工程すべてを初心者が管理するのは難しいです。

畳の表替え、水道栓の取りかえ、それに床を直す程度であればわかりやすいので分離発注（別の業者にそれぞれ発注）でもいいのですが、もう少し複合的な場合なら分離発注では難しいと考えましょう。

たとえば壁紙屋さんが仕事をしているのに、床の大工さんが入ってくると作業的にも邪魔になる可能性があります。

初心者には難しいかもしれませんが、一度自分でやってみると流れがわかるメリットはあります。

それぞれの業者さんに発注

一番いいのはそこまで複合的なリフォームが必要ない物件を買い、できる限り自分でやってみることです。

できないところは先輩に聞き、業者さんに頼みます。先輩から紹介された業者さんとは長く付き合える人間関係をつくる気持ちで向き合うことです。

直す箇所が複数あるなら工務店に依頼し、トータルで面倒をみてもらうのがオススメです。そうすればアフターフォローもしてくれます。

安いと思って頼んだのに、追加工事が複数生じて高くついてしまったケースもあります。前述したとおり、トラブルというのは経験値がないほど起こりがちなので、最初の物件で極力そういったことが起こらないよう慎重に選びましょう。

また物件を100万円以下など激安で買うと、修繕の箇所が多く時間がかかる可能性もあります。

ですから、1回目は少し高めでも、なるべく状態のよい空き家を選び、修繕が少しで済むようにするのがいいでしょう。

たとえば、100万円で買い100万円で直す合計200万円の物件と、180万円で買い20万円で直す合計200万円の物件なら、直す金額が少ない物件のほうが初心者向きです。

「この物件なら修繕はこれくらい必要で、これくらいの値段で貸せる」という経験を積んでから、次は少し安いけれど手間のかかる物件にチャレンジするのが賢明だと思います。

物件価格＋リフォーム費用で考えたときに、修繕箇所が少ない空き家のほうが難易度は低く初心者向き!

DIYする際の仕入れ

自分で修繕するとき、材料はホームセンターかネットで買います。DIYをするときは、プラスマイナスドライバー、カッター、メジャー、はさみ、壁紙を貼るならヘラやコーキングも最低限必要です。

楽天やAmazonでも調達できますし、私は「アウンワークス」(https://www.aunworks.jp/) もよく使います。

アウンワークスは、建材やリフォーム関係の商品がひととおりそろっているサイトです。種類が豊富で、壁紙に床のクッションフロア、のり、インパクトドライバーなどの工具がなんでも売っています。

費用対効果がいいのは壁と床です。できれば壁紙とクッションフロアは自分で貼りましょう。

水栓交換もDIYがオススメです。業者に頼むと数万円もかかりますが、自分でやれば材料費は1万円ほどなので3分の1や5分の1で済みます。

なお、私は室内のクリーニングをプロにお願いしています。DIY派だとクリーニングまで自分でする方もいますが、頑固な汚れが何十年と積み重なっているので、プロに依頼したほうが費用対効果は高いと思います。

クリーニング代は広さにより変わりますが、一軒家だと5~8万円です。初心者はハウスクリーニングや家事代行、不用品回収、引越しなどの暮らしのサービスをオンラインで予約手配できる「くらしのマーケット」(https://curama.jp/)で探すと早いかもしれません。料金が明朗で安価なうえ、クチコミを知ることができます。また複数の業者の比較検討もできます。

ビフォーアフター事例

ゴミ屋敷の残置物撤去

Before

After

天井、壁のリフォーム

Before

After

床のリフォーム（洋室）

Before

After

床のリフォーム(畳)

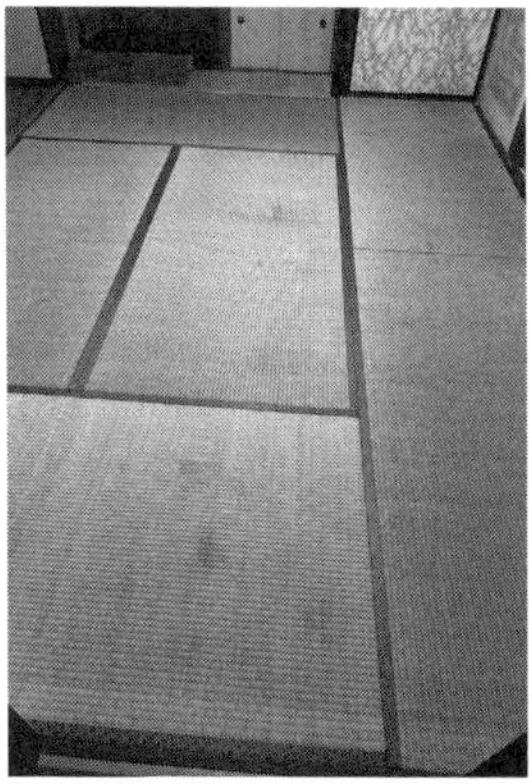

Before

After

ハウスクリーニング

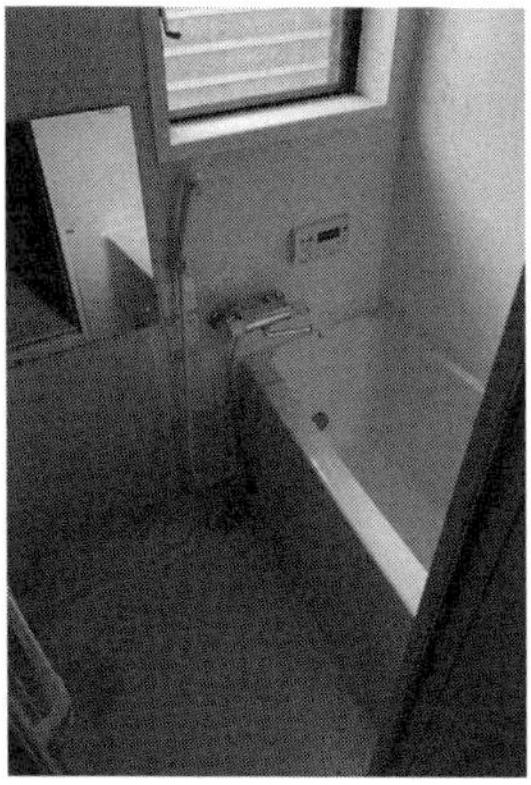

Before

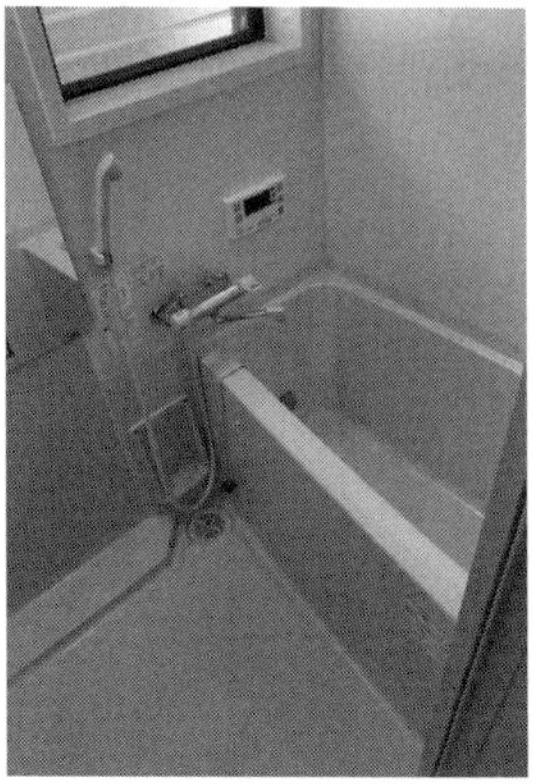

After

まとめ

古くてボロい空き家のリフォーム費用は底なし沼、どこまで行うのか事前に決めておくこと

あらかじめ適正な工事費用をリサーチして、相場の範囲で発注しよう！

リフォーム業者さんとは長いお付き合いができるよう信頼関係を築く努力を惜しまない

第6章

満室までの道!!

募集活動のコツ

入居募集、つまり客付けするときは基本的には賃貸仲介業者さんに依頼して入居希望者さんを見つけるものですが、今では仲介業者さんを介さず大家が自分で客付けができます。

私が最近しているリーシング活動は4つです。地元の不動産の仲介業者をいくつかピックアップし、入居者募集の営業活動を行います。募集図面を用意し家賃などの初期費用をヒアリングしたうえで、募集を依頼するのが一番オーソドックスなやり方です。

大家独自の客付けは無料掲示板サイト「ジモティー」や、同じく無料で掲載できる「ウチコミ」で募集する方法があります。大家さんが直接掲載できるポータルサイトのECHOESは、月額3300円ほどで使えます。

私は次の4つを駆使して募集活動をしています。

●地元の仲介店

仲介店で募集するメリットは自分で案内しなくても内見に行ってもらえたり、契約などもその場で仲介店の人にしてもらえたりする点です。入居者さんと対面することなく入居をスタートさせられるので、一番ラクで効率的でしょう。

デメリットは仲介手数料やＡＤ（広告料、詳しくは後述）の費用が発生する点です。

●ジモティー　https://jmty.co.jp/

ジモティーは費用が発生しないぶん、案内も契約も自分ですることになります。費用がかからず家賃がすぐ売上になりますが、大家と入居者が近過ぎると入居後にトラブルになりうる点が大きなデメリットといえるでしょう。

また、過去に家賃滞納をしていたり、定職についていなかったりといった理由で家賃保証会社の審査が通らないため、ジモティーを利用している方が一定層いらっしゃいます。

●ウチコミ　https://uchicomi.com/

ウチコミは大家さんが直接入居募集できるサイトです。掲載して入居が付けばラッキーです。

内見や契約などは、仲介店が行ってくれるため、仲介手数料は大家さん負担になります。ADはかかりません。

ジモティーほどではないですが、入居者とメッセージでやり取りしなければならないのはデメリットといえるかもしれません。入居者と触れ合うのが苦手な人は面倒に感じるでしょう。

ジモティーのように直接やり取りをしますが、ジモティーほど全部やらなくてもいいので、よくいえばジモティーと仲介店のいいとこ取りといえます。

●ECHOES（エコーズ）https://s-echoes.jp/

ECHOESの一番のメリットは、自分が掲載した物件情報がすぐに反映する点です。写真を変えたいときや条件を少し変更したいときも、ネット上から自分で作業できるのはとても便利です。

自分で募集している物件の反響を数字で確認ができるのもメリットでしょう。数字を見て条件を変更することも可能です。

デメリットは手間がかかるのと、毎月お金がかかる点です。

そもそも反響を得るためにはスコアを満たさなければいけません。写真をたくさん用意するなど、やるべきことがそれなりにあります。

自分でいろいろと思考錯誤がしたい人ならＥＣＨＯＥＳは便利でしょう。自分で入力した内容がすぐに反映されますし、全部数値化されて不足がないかなどをＥＣＨＯＥＳがチェックしてくれます。

自主管理の場合と管理会社を使う場合の、両方に対応しているのもメリットといえるでしょう。

ADはそこまでかからない

「ＡＤ」とは広告料のことで、入居者募集をしてもらうにあたり不動産会社へ支払う手数料です。広告料は、「家賃の１カ月」や「１００％」という言い方があり、基本的には家賃単位で考えます。たとえばＡＤが１カ月の場所もあれば、２カ月のところもあります。

ただし戸建てはアパートやマンションに比べて数が少ないので、田舎でもＡＤなしで決まることが多いです。戸建てならＡＤは１カ月で十分で、２カ月だと多いというイメージです。

営業マンに頑張ってもらうため、ボーナスというかたちでお金を出す人もいるようです。デパート商品券やＡｍａｚｏｎギフト券、クオカードをあげたり、人によっては差し入れを持って回ったり、食事をご馳走したり、なかには現金をあげる人もいると聞きます。

アパートであれば何室もあるので営業活動をしたほうがいいと思います。ただし、戸建ての場合は、前述したように供給過剰にはなりにくいので、そこまで熱心な営業活動は必要ありません。

ADなどの費用をかけるよりは、しっかりと入居募集の情報を周知させること、また、入居者にとっても魅力ある条件（ペット可など）を設定するほうが効果はあります。

アパート・マンションに
比べて供給が少ないから、
入居募集にそこまで
コストがかからない！

マイソクと名刺の効果的な使い方

賃貸仲介業者さんに直接客付けを依頼するときは名刺を用意して、マイソクもつくって持参すると喜ばれます。私がマイソクをつくるときはパワーポイントのひな形を使っています。

今はマイソクをつくるアプリもありますし、フリーランスに見積りや仕事の依頼ができる「ココナラ」（https://coconala.com）なら図面もマップもつくってもらえます。名刺も自分でつくれます。大家さんの中には、個人情報がほとんど載っていない名刺を持っている人もいますが、きちんと情報の入った名刺のほうがいいです。インターネットを窓口とした印刷会社「プリントパック」（https://www.printpac.co.jp）ならテンプレートがありますし、もちろんココナラなら大家さんの顔写真入りなど個性的な名刺をつくってもらえるでしょう。

名刺を覚えてもらうためにも顔写真入りにし、居住地や持っている物件について書いてあるといいと思います。

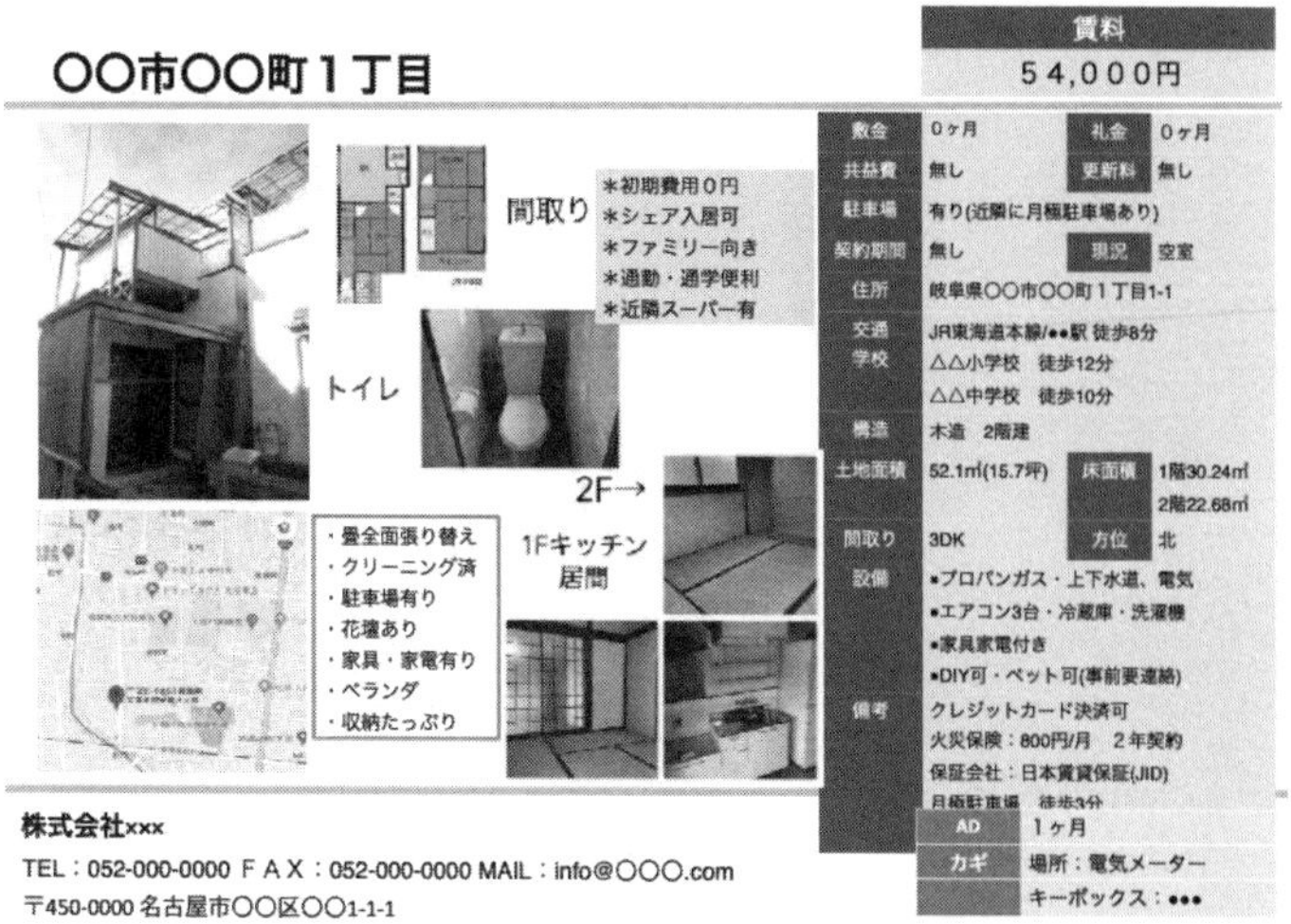
〇〇市〇〇町１丁目
賃料
54,000円
間取り
＊初期費用０円
＊シェア入居可
＊ファミリー向き
＊通勤・通学便利
＊近隣スーパー有
トイレ
2F→
1Fキッチン
居間
・畳全面張り替え
・クリーニング済
・駐車場有り
・花壇あり
・家具・家電有り
・ベランダ
・収納たっぷり
敷金 0ヶ月
礼金 0ヶ月
共益費 無し
更新料 無し
駐車場 有り(近隣に月極駐車場あり)
契約期間 無し
現況 空室
住所 岐阜県〇〇市〇〇町１丁目1-1
交通 JR東海道本線/●●駅 徒歩8分
学校 △△小学校 徒歩12分
△△中学校 徒歩10分
構造 木造 2階建
土地面積 52.1㎡(15.7坪)
床面積 1階30.24㎡
2階22.68㎡
間取り 3DK
方位 北
設備 •プロパンガス・上下水道、電気
•エアコン3台・冷蔵庫・洗濯機
•家具家電付き
•DIY可・ペット可(事前要連絡)
備考 クレジットカード決済可
火災保険：800円/月 ２年契約
保証会社：日本賃貸保証(JID)
AD １ヶ月
カギ 場所：電気メーター
キーボックス：●●●
株式会社×××
TEL：052-000-0000 ＦＡＸ：052-000-0000 MAIL：info@〇〇〇.com
〒450-0000 名古屋市〇〇区〇〇1-1-1

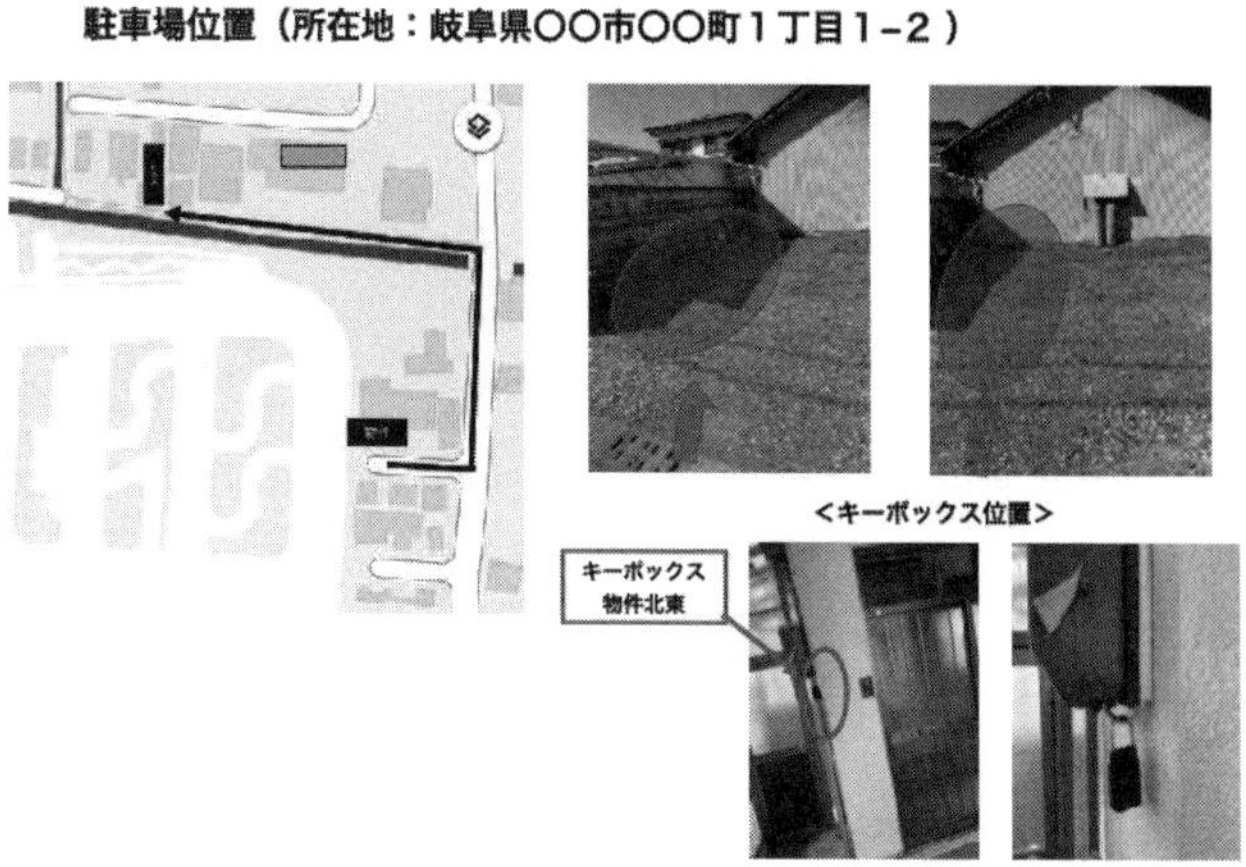
駐車場位置（所在地：岐阜県〇〇市〇〇町１丁目１−２）
<キーボックス位置>
キーボックス
物件北東

内見時の注意点

客付け会社さんに依頼していれば内見対応をしてくれますが、ジモティーの場合は自分で行わなければいけません。

自分で案内をするときはアピールポイントをきちんと伝えるようにしましょう。入居者に響くポイントは物件によりますが、水回りの設備や給湯機が新品になっている場合は強みになりますので、取り替えてある場合はその旨をきちんと説明しましょう。

駐車場に停められる台数、それに小学校やスーパーなどが徒歩10分圏内にあるといった近隣情報も教えてあげると生活しやすい印象を抱いてもらえます。

人によるかもしれませんが、私は案内をしたときにできるだけその場で即決してもらえるように誘導します。

見てすぐに気に入り、「どのように申し込めばいいですか？」という流れになればアピールポイントをしっかり伝えよう!

- 間取りのポイント
- リフォームした箇所
- 駐車場の台数
- 近隣の利便施設
- 「日当たりがよい」などの特徴

成功ですが、少し迷っているようなら「今日か明日にでも決めてくれたら、初期費用が本当はこれくらいかかるのですが、なしでいいですよ」「家賃1カ月分をこちらで負担します」とセールスします。

そもそも最初から、「家賃1カ月はなしでいい」くらいに思って進めています。なぜなら、1日でも早く入居がつくほうが最終的な取り分が大きくなるからです。

ジモティーには比較的ルーズな人が多い

全員ではありませんが、ジモティーには約束を守れない人が多い印象があります。時間に遅れるときも一報くらい入れてくれればいいのですが、連絡なしに平気で遅れて来るような人は、後々トラブルになる可能性があると思っています。

よい点をいえば、ジモティーで来るお客さんは、あまり細かいことを気にしないのも特徴です。

少し汚かったり、キッチンが新品になっていなかったりしても指摘されることは少ないでしょう。

私は家賃保証会社が通れば入れていますが、保証会社の審査に通ったとしても断る選択肢を持ったほうがいいときもあります。

3件くらい内見予約が入っていて、そのうちの1人が連絡なしに遅刻したときはきっぱり断ることもできますが、問合せがあまりなく、やっと来てくれた人がその方なら保証会社が通れば入居してもらいます。

契約は、物件や物件近くのカフェでする場合もありますし、ときには郵送で行うこともあります。

決めるときはその場で決断してもらい、家賃保証会社は審査があるので、保証会社の申込だけはその場でしてもらうのがベストです。

ジモティーでは賃貸借契約を大家さんと入居者さんで直接結ぶので、特約などはちゃんと入れるようにします。

普通の入居者さんは絶対に聞いてこないですが、たまにどこの保証会社かを聞いてくる人がいます。「どこの保証会社ですか?」などと聞いてくる人は注意が必要です。

おそらく、どこかの保証会社で家賃を踏み倒していてブラックリストに載っているのでしょう。自分で理解しているからこその質問なので危険だと思います。ただ、そういう人は入居しません。保証会社名を伝え、「審査が通った段階で賃貸借契約します」と告げると、ほぼ返事がありません。

ですから、そういった危険な方は自ずと防げます。外国の方も在留証明書などきちんとした書類があれば通りますので、外国人専門の会社でなくても大丈夫です。

次項でくわしく解説しますが、家賃保証会社の審査もスムーズに通ります。

オススメの家賃保証会社と契約書の準備方法

家賃保証の加入は、自分で客付けした場合とで変わります。仲介店の場合は仲介店の保証会社に入ります。

大家さんが入居者さんと直接契約を結ぶのであれば、家賃保証会社はＣａｓａ（カーサ）がもっともオススメです。専用のアプリがありとても簡単にできます。

Ｃａｓａは最近、家財保険など必要な保証ケアがすべて一体型になっているので入居者さんが火事を起こしたり、引越し中などに不注意で家電をこわしたりしても保険でまかなえます。火災保険の更新もＣａｓａがしてくれるので、更新切れが起こらないのもポイントです。

契約書はひな形をもとに特約をくわえるだけでつくれます。ただし、厳しめの特約があっても、古い戸建てに賃貸で住む人は違約金を払えないこともあるので、最終の請求金額に対して保証会社がどこまでやってくれるかが肝です。

保証会社は2カ月間保証してくれますが、それ以上は難しいですから常識知らずの入居希望者が来ると大家さんにとってリスクが生じます。

物件をいくつか持っていると、物件によってCasaだったり地元の仲介店が指定した会社だったりと保証会社はバラバラになりがちです。保険会社もCasaであれば一括で入れますが、仲介店の場合は仲介店を代理店にして入ることになります。契約書も仲介店の場合、各社によって変わってしまうので入れたい特約については事前に伝えておきましょう。

特約で必ず入れたほうがいいのは短期解約に関する内容です。いつも私は1年未満で退去した場合は違約金が家賃の2カ月分、1年以上2年未満の場合は1カ月としています。

書類管理の面では、所持する戸建ての個数が増えると煩雑になります。自主管理の大家さんがもっとも大変なのは入金管理です。保証会社がバラバラになるほど入金管理が面倒になります。

家賃保証会社のしくみ

ペットOK時の注意点

ペットは相談可としています。ペットを飼うときは資金礼金として1～2カ月分もらうようにしたこともありましたが、最近は小型犬2頭まで初期費用を取らず、そのぶん家賃を3000円アップとしています。

家賃を上げたほうが利回りは上がるからで、売却のときに高く売れます。敷金で2カ月もらうと、売るときに敷金を一緒に渡さなければならないので、それなら家賃でもらったほうがいいと考えています。

入居者さんとしても、「最初にお金がかかるよりは」と安心するようで、3000円アップをすんなり了承してもらえ自然と家賃を上げられます。

ペット規約としては、ペットで壁紙を破損したとき、もしくは臭いが強いときなどは別途請求する内容の特約を入れています。

ペットは2頭までが3000円で、2頭以上は1頭につき3000円プラスにすれば家賃を上げられます。

そうすると、「犬猫屋敷になってしまうのでは?」と心配する人もいますが、多くても2匹くらいの方が多く、今のところ多頭飼いの実例はありません。

1匹増えるたびにきちんと申告してくれてお金を払う人ならいいのですが、黙ってたくさん産まれると困るので特約では違約金についても記載しましょう。

なかには、退去後に室内をひどく荒らされていることが判明するケースもあるようです。とくに猫の尿の臭いはなかなか取れません。

染み込んだら柱や壁を交換しなければならないので、ペットによって汚くなるのも織り込み済みで、貸すのかあるいは管理するかはわかれるところですが、私はすべて引き受ける覚悟でやっています。

私が直面したトラブル

私が経験したトラブルで紹介したいのは、オーナーチェンジで買った戸建てでの出来事です。

入居者さんが家賃保証会社に入っていなかったのですが、私はきちんと調べずに買ってしまい、買ったあとに滞納が起こり、さんざんな目に遭いました。

家賃滞納が困るのは法的な手続を踏まないと退去させることができないところです。大家さんが勝手に鍵を変えて、無理やり入居者を追い出す……というのは絶対にしてはいけません。目安としては最低3カ月を超える家賃滞納があれば、明け渡しの強制執行（強制退去）の手続に進むことができるといわれています。

明け渡しの強制執行をするためには、内容証明郵便を送って賃貸者契約を解除したうえで、明け渡しを求める訴訟を起こし、裁判所に明け渡しを命じる判決をもらうことが必要です。時間も手間もかかり、弁護士に頼めば費用も発生します。

ですからオーナーチェンジで買うときも、家賃保証会社にきちんと入っているかの確認を決して怠ってはいけません。家賃保証会社に入っていなければ、入ってもらうことを条件に買うようにしないとそのあとの対応が大変です。

入居歴が長いと、そもそも保証会社のない時代に入居していることもあります。家賃滞納がなかったとしても、保証人が高齢ですでに亡くなっているケースもあるので要注意です。

まとめ

入居募集はジモティーやウチコミなど複数の方法を使い、とりこぼしをしない

ペット可物件は大きな武器となるが、部屋を荒らされたときの被害が大きいのでルールは必要

家賃滞納のリスクは保証会社と契約してもらうことで備えができる

第7章

空き家をどんどん買い続ける方法

現金から融資のステージへ！

まとまった資産を持たない初心者の場合、基本的には現金でスタートします。そして、どれだけ安く買っていても現金は必ず尽きます。

それでも買い続けたいなら、融資か売却が必要です。融資に関しては、「属性を重要視する」「経験値や実績が必要」などと言われますが、実際に受けられるかどうかは金融機関によるところが大きいです。

金融機関によっては年収や物件の条件が満たされていれば、貸してくれるところもあります。

そのようなパッケージ型のローンであれば、自分の属性と土地値だけで融資金額が明確に出ます。まずは、そういった金融機関をうまく活用しましょう。

ただ、ここ数年は２０１８年の新築シェアハウス「かぼちゃの馬車事件」（シェアハウス販売・運営会社の破たんによるトラブル）や２０２０年からのコロナ禍などがあり、以前の常識があまり通用しなくなっています。融資がだいぶ厳しくなり、5年前のように自己資金を1円も出さずに買い続けられる時代ではありません。

しかし、実績を見てくれる金融機関であれば別です。現金で不動産を数軒持つことができれば、不動産賃貸業の実績ができているので、その実績をもとに融資を受ける流れになるでしょう。

私の場合は法人が、2期程度でも地方銀行や信用金庫から融資を受けることができました。

融資を受けるときは、自分の属性（勤務先や年収などの経済的・社会的背景）と、どういう物件をもっているか（物件の担保評価）を最初に見てもらいます。

次ページより金融機関に持参する書類の一覧と、属性シートの一部を掲載します。読者特典として、属性シートのひな形のファイルをデータで差し上げますので、ご希望の方は249ページをご覧ください。

金融機関に持参する書類一覧

□本人情報資料

□家族構成

□勤務先情報

□資産、負債の状況および収入・支出の状況

□借入金一覧・不動産一覧

□所有不動産ごと登記簿謄本

□所有不動産ごとレントロール

□法人決算書2期分

□運転免許証・健康保険証コピー（本人・保証人）

□源泉徴収票コピー（3期分、本人、保証人）

□購入物件資料

属性シート参考

本人情報

氏名（フリガナ）	大家 太郎 （オオヤ タロウ）
住所	
電話番号	
FAX番号	001-234-5678
メールアドレス	
生年月日	2000年01月01日
年齢	満 00歳
性別	男　女
配偶者（及び扶養家族）	有　無
自宅状況	自己所有 ・ 家族所有 ・ 借家 ・ 社宅
家賃負担額	円 / 月 （名古屋住所の賃貸）
居住年数	0年0ヶ月
緊急連絡先	012-345-6789
連絡先氏名	
続柄	
連絡先住所	
連絡先電話番号	

家族構成

父	
氏名	
連絡先	
勤務先	
年収	
母	
氏名	
連絡先	
勤務先	
年収	
妹	
氏名	
連絡先	
勤務先	
年収	

勤務先情報

勤務先会社名	
業種	小売業
職種	人事総務
業務内容	採用計画／予算立案・管理／応募管理／給与計算事務業務 職務遂行考課表の企画・立案／目標管理制度導入ツール・マニュアル作成 目標管理・新考課制度、全職種シュミレーション実施・指導
所在地	
所属	
役職	
電話番号	
FAX番号	
E-mail	
資本金	
従業員数	
設立年月日	012-345-6789
株式公開市場	東京証券取引所・市場第一部
入社年月	2001年4月（勤続 0年0ヶ月）

資産、負債の状況及び 収入・支出の状況

資産		
預貯金		千円
有価証券		千円
不動産		千円
合計		千円
負債		
借入金（金融機関）		千円
借入金（金融機関以外）		千円
合計		千円
収入		
給与収入		千円
不動産収入		千円
事業収入		千円
合計		千円
支出		
借入金返済（金融機関）		千円
借入金返済（金融機関以外）		千円
合計		千円

本人情報

氏名（フリガナ）	大家 太郎 （オオヤ タロウ）
住所	
電話番号	
FAX番号	001-234-5678
メールアドレス	
生年月日	2000年01月01日
年齢	満 00歳
性別	男　　女
配偶者（及び扶養家族）	有　　無
自宅状況	自己所有 ・ 家族所有 ・ 借家 ・ 社宅
家賃負担額	円 / 月 （名古屋住所の賃貸）
居住年数	0年0ヶ月
緊急連絡先	012-345-6789
連絡先氏名	
続柄	
連絡先住所	
連絡先電話番号	

銀行に行くときは、
きちんとした身なりで、
しっかり資料を
そろえて行こう！

融資を使った買い進め方

融資を使うためには、それまでは高利回りを狙っていたのを、融資が出やすそうな物件でなるべく収益性の高い物件を探してアタックする流れになります。

融資が出やすい＝儲かる物件とは限りませんし、金融機関によって融資基準が変わりますので、事前のリサーチは非常に重要です。

融資を受けはじめるタイミングについてはさまざまな考え方がありますが、一番よくないのは5軒、6軒と買っていき、現金が枯渇してしまうこと。現金がない状態で銀行へ行くと借りられない可能性が高いでしょう。

なぜなら、いわゆる金融機関の融資スタンスは「晴れの日に傘を貸し、雨の日に傘を貸さない」ものだからです。

つまり、業績がよく現金に余裕があるときほど、借りやすいのです。本当に困っているときほど貸してくれないということを覚えておいてください。

5～6軒買って手持ちの資金がぎりぎりになったときに、一番いいのは1軒目を売ることです。

1年ほど家賃を回収した物件を1軒売り、たとえば400～500万円の現金が元手にある状態で、かつ安定的な家賃収入があるのは金融機関にとってアピールになります。

最初に買った物件でどれだけ利益が出ているかという実績をもって銀行に行くと、手元資金も売却の実績も家賃の実績も全部ある状態ですから、何もないよりもスムーズにいく

可能性が高いです。私の1発目の融資が通ったのも、まさにこの状態でした。

ですから、属性やキャッシュがある人は不動産投資を開始するタイミングで、最初の融資を受け、ない人はまずは貯めた現金で複数買い、そして1軒売ってキャッシュを厚くしてから融資を頼るのがベストです。

築年数の経過した古い物件ばかり買っても、出口（売却）がきちんと取れる実績を見せるのも大事です。

「古くてボロい物件ばかり買って、将来どうするのか？」と思われることもありますが、きちんと現金化できる事実を見せると信頼してもらいやすいでしょう。

融資の基本

融資の基本はいくつかあり、前述したように、まず借りる人の属性でのルールが存在します。年収に勤続年数、所持物件の評価と、その物件での担保価値など、さまざまな見方があります。

収益性の見方と積算評価（建物と土地の価値を合わせた銀行評価）、つまり物件価値の見方がありますが、古い空き家の場合は基本的にあまり価値がないので土地としての価値で判断されます。

土地値は路線価（相続税路線価のこと。相続税や贈与税の基となる土地評価額）で見ます。路線価で確認できないところは固定資産税評価額（固定資産税の基準となる評価額）です。

土地値も重要ですから、融資を受けたいならまずは物件の評価をチェックしましょう。路線価も固定資産税評価額もネットで調べることができます。

初期段階の1軒目を買うとき、まずは収益性を一番に考えますが、「融資を使う！」と切り替えたら収益性だけでなく資産性や評価も意識してください。

また意外に思われるかもしれませんが、物件の見た目も重要です。

金融機関の担当者も現地調査を行います。土地の評価が出て仮承認がおりても、いざ現地へ行くと「外観や雰囲気がよくない」という理由から本審査で落ちることもあります。

要は「見た目がボロい」ということですが、判断基準があくまで主観なのです。私自身も仮承認までいったのに本審査でゼロにされた経験があります。その物件はよい立地にあったのですが、外観がよくなかったのです。

この場合、内装がフルリフォーム済みだといってもダメでしょう。ただし、本審査が通らない理由として「外観が古くてボロボロだから審査に落ちました」とは言われません。

「審査が通らなかった」ということのみ説明されます。悔しいですが、これればかりはどうにもなりません。私も苦い経験を経て物件の外観は大事なのだと知りました。

逆に言えば、銀行の担当者が見るのは外観だけで、室内に足を踏み入れることはまずありません。

内装がめちゃくちゃでも、外観がなんとかなっていれば室内まで見ないので融資が通るケースもあります。

くわえていえば、同じ物件でも他の担当者が見に行ったら審査に通るケースもありますので、「何がダメで何がよいのか」という判断は非常に難しいです。

ただわかるのは物件の理由によるお断りもあれば、借りる人の理由によるお断りもあり、タイミングやその金融機関の融資への姿勢はもちろん、支店の勢い、個別の担当者によって変わるところもあります。

空き家投資で使える融資

古い戸建てで使える融資は、日本政策金融公庫と保証協会付の融資、そしてアパートローンです。

●日本政策金融公庫

公庫は政府系の金融機関です。本来はお金を借りにくい人に貸すというスタンスのはずですが、今はなぜか積極的に貸してくれません。

昔は、融資期間15年で貸してくれたそうです。「若者・女性・シニア」という制度融資があり、該当者にはとても手厚く貸してくれたので物件を取得できたとも聞きますが、今はガラリと変わってしまいました。

リフォーム資金ですらあまり貸してくれません。貸してくれたとしても5年ほどです。最近はなかなか使いづらくなっています。

●保証協会

保証協会融資は、業歴が浅い人や社会的信用があまりない人に対してお金を払って保証してくれる、保証協会という組織の融資です。

保証が付いた融資なので、信用金庫や地銀で借りやすくなるはずです。保証協会融資も、営業エリアがあります。

愛知県には愛知県の保証協会や、名古屋市の保証協会があります。それぞれ情報共有されており、愛知の保証協会と名古屋の保証協会へ同時でも申し込めます。神奈川県も神奈川と横浜にあり、それぞれ同時に申し込めますが、東京は1つだけです。同時に2カ所に申し込めるのは珍しいようですが、全国に何カ所かあると聞きました。

保証協会融資は使い勝手のよさが魅力です。私も愛知県の保証協会、名古屋市の保証協会（保証協会を使わない事業融資）にお世話になっています。

属性や返済状況など、情報共有されていると思いますが、連続で買っても何も言われません。

あとは期間の問題です。私のケースでは、愛知県で借りたら「3カ月は空けて」と言われますが、愛知県で待っている間に、名古屋市やプロパーに行っています。そうすると愛知県の待期の期間である3～4カ月が終わるので、愛知県～名古屋～プロパーとどんどん融資を受けることができます。

そのほか、保証協会では制度融資が使えます。制度融資とは、都道府県や各市区町村などの自治体、各地の金融機関、各地の信用保証協会が協力して行う、創業間もない企業や中小企業をサポートするための融資制度です。

基本的には、銀行などの金融機関が窓口となり融資を行います。この制度融資は各自治体に応じてさまざまな商品があります。

コロナなどの有事の場合は全国伴走など特別なものが出てきますし、自営業や経営者にとって保証協会はわりと手厚く、いろんな制度が整っていてありがたい存在です。

物件取得においても、最初は100％に近いくらい「保証協会を使って欲しい」と言われます。

担当者の方からは保証協会を2～3回使うと、3～4回目からはプロパーで可能か否か打診できるようになると聞きました。空き家の取得資金の融資期間は短くて10年、長いと15年というケースが多いです。

耐用年数が切れている場合でも15年間の長期融資が出ることもあるのですが、出るかどうかは保証協会によって変わります。名古屋の保証協会は毎回15年出してくれていますが、愛知県は10年です。どちらの物件も同じ愛知県の岩倉市で買っています。

年数が変わる理由はよくわかりません。しかし、借りられるだけでありがたいと思います。融資年数が長ければ長いほどキャッシュフローは出やすくなります。

●ノンバンク

ノンバンクにもいくつか種類がありますが、不動産投資に積極的といわれるノンバンクについて最新情報をお伝えします。

これまで何度か打診したことはありますが、融資をしてもらえませんでした。これもタイミングによるところが大きく今は厳しいといわれています。

以前は担保価値を積算評価で見てくれましたが、今は購入金額で見るようです。たとえば私が50万円で買った家の土地値が４００万円で出ていたら、４００万円の資産として見て欲しいものですが、50万円の資産として見られるのです。

ルールが変わったのは最近だと思います。おそらく500万円以下の融資を打診する初心者が増え、いろいろと改定されたのでしょう。「初心者の少額融資に付き合っている暇はない！」ということなのかもしれません。とにかくノンバンクは小さな物件向きではありません。

おおよその目安ですが、500万円以上の物件であればノンバンクの対象になるようです。ただし、田舎の空き家で500万円以上というのは少し高いです。

ノンバンクでは地銀や信金に比べて金利が高めのため収支が悪くなってしまいます。アパートならいいかもしれませんが、空き家では使い勝手があまりよくありません。

ノンバンクは今、都市系の投資に向いているのでしょう。たとえば名古屋市内のいい場所にある、1000万円前後の価格でも家賃を高めに設定できる物件には向いているように思います。

融資のルールは金融機関によって異なる

融資に大きく関係するのは自分の属性とエリア、そして物件の評価です。評価の出し方は、金融機関によって異なります。

何が武器になるかは金融機関によって異なります。オリックス銀行や昔のスルガ銀行などサラリーマン属性を好む金融機関もあれば、事業性を重視する金融機関もあります。不動産を好むかどうかもさまざまです。

会社員としての属性をしっかり見てくれるところなら、会社員であることを武器にして物件をどんどん買うのがいいでしょう。そもそも「会社員ではダメ」と言われたら、いったん、今は付き合わないと決めるのが賢明です。

私は「会社員だからダメ」と言われた時点で会社員を辞めようと思い、リタイアしてからその金融機関で融資を受けました。

その金融機関がどの基準を持つのかを調べることは大事です。また、一番いいのは仲間や先輩の大家さんから紹介してもらえる関係がある状態です。

ネットで申し込むのは、ひとつの手でしょう。某地方銀行や一部のノンバンクなど、今はネットで打診できるところがいくつかあります。

地銀や信金も、電話する場合は自分の今の属性や状況、買いたい物件などを伝えて、なんとか面談してもらうところまでこぎつけましょう。

面談には章のはじめに紹介した属性シートをつくって行くのがオススメです。自分がどういう人間でどれくらいのキャッシュがあり、どういう物件を持っているのか。サラリーマンの源泉徴収票も用意しましょう。

購入したい物件の資料は、3つくらい持って行くのがいいと思います。

1つだと、それがダメだと話が終わってしまいます。そもそも初心者は見当違いの物件を持って行きがちなので、エリアや耐用年数、土地値や接道条件の異なる物件を3つほど用意して当ててみると、なぜこれがいいのか、あるいはダメなのかを話しやすくなります。どういう物件なら融資をしてもらえるかがわかると、次に持って行く物件の精度が上がるでしょう。

営業エリアと金融機関ごとの目線

融資が通るかどうかはエリアによっても変わります。今の私は岐阜県では融資がほぼ下りません。地方では路線価が出たとしても融資はしづらいのでしょう。

一方で愛知県内にある土地建物が400～500万円の物件で、利回りはあまり高くないけれど、資産価値がそこそこある物件には満額で融資が下りるケースもあります。

営業エリアの問題もあります。自分が投資しているエリアと居住地の関係というのは、地方銀行や信用金庫・信用組合でも重視されます。

理想でいえば、居住地と物件のあるエリアの双方に支店があることですが、地方投資の場合、そううまくはいきません。

愛知県に住む私の場合、融資対象として見てくれるのは愛知県内か、愛知県から数十分で行ける愛知寄りの岐阜県までとなり、住んでいるエリアからかけ離れると厳しくなります。

そのため田舎で高利回り投資をしている人が、融資を狙った段階で、遠方の田舎ではなくて、なるべく近場の地方で物件を探すことになります。担保評価と営業エリアを踏まえて選ぶことになり、すると必然的に利回りが下がっていきます。

私も融資を狙うようになってから考え方が大きく変わりました。

融資を使った投資は、現金とは方法が異なるのです。融資を使って利回りを30％や20％にするのはとても難しいでしょう。

２００万円ちょっとの現金を使って利回りを30％得るやり方から、５００万円で融資をつかって利回りを15％前後で着地させつつ手元資金をほぼ減らさずに資産をつくっていくやり方への変更です。

私の場合は地方在住ですので、利回り30％から15％の差となりますが、関東圏や関西圏の都会に住んでいる人では、もっと低利回りになるかもしれません。

どんな物件なのかの条件を自分が使える金融機関に寄せる必要があり、利回りは必然的に下がります。15～18％出れば立派なものでしょう。超高利回りを貫きたいのなら、一生、現金で買っていくしかありません。

融資の条件は、属性や住んでいる場所、建物の種類によって変わります。自分がどれを使えるかというのは書籍を読むだけでは難しく、実際に金融機関に確認するほか、身近な人から情報を得て、その人ならではの情報をつかむしかありません。どの情報が合致するかで選ぶべき物件は大きく異なります。

それには大家の会などにいる同じエリアで投資をしている人や同じ規模の人、同じ属性の人の話が一番有用です。

大家の会では融資についても情報共有します。やはり皆さん聞きたいですし、教えたり教わったりすると勉強になります。月1回会うだけでも心構えが変わってきます。

私の融資事例

私が物件購入で初めて融資を検討したときは、日本政策金融公庫を含め全部ダメでした。しかし、「吉岡さんは物販をしていますね?」といった話から、「物販なら吉岡さんに融資できます」と言われたのです。

そこで最初に物販で、300~400万円ほどの融資を受けました。そして物販で出た利益を不動産に使い、返済の実績をつくっていけました。半年くらい経ったあと、地銀の方から声をかけてもらい、「いい物件があったら一度やってみましょう!」と不動産の融資がはじまったのです。

オススメの副業として紹介した物販事業は運転資金として融資をしてもらいやすいです。事業者で2000~3000万円の運転資金の融資を受けられる方から、「戸建てを買いたい」といった相談をよく受けます。

一方、賃貸業では運転資金としては借りにくいです。物販などの事業実績があるかどうかは大きなポイントです。

運転資金を借りられれば、それを足掛かりにして返済実績をつくったり、定期やカードのお付き合いをしたりとうまく信用関係をつくり、次の融資に進むというやり方を使えます。

最初に公庫で借りた場合は地銀や信金の口座から返済するので、返済している様子を実績として見てもらえるのもポイントです。

地銀で半年ほど返済しているのが見えたからこそ、「不動産でもいけますよ」「運転資金を少し追加できますよ」と言ってもらえました。このオファーはとてもありがたかったです。

融資でしてはいけないこと

嘘をつくのもいけません。過去に年収を証明する源泉徴収票の偽造や貯金額の虚偽などが問題になったケースがありました。

これは一棟物件を強引に販売したい不動産業者が行った手口です。こうした融資審査に使うエビデンスの改ざんが横行していたため大問題になりました。悪質な業者がお膳立てしたため、投資家はよく理解できていないケースもありましたが、こうした不正には絶対に手を出してはいけません。

特に公庫は個人の人間性を見ているように感じます。公庫の担当者の方は、「あなたの名前を検索しましたよ」と言っていました。それも高校時代にまでさかのぼって調べたようで、「この高校でこのような活動をしていたんですね?」と言われたのです。

また、ストーリー性も大事です。なぜこのエリアで不動産投資をしなければならないのかを語れなければいけません。

「親から受け継いでやっている」「祖父母が住んでおり地縁がある」というのはわかりやすいですが、そういった背景がなく「この辺は田舎で戸建てが安いから」という理由だけで不動産投資をするのは厳しいでしょう。

本部の審査でなぜこの人に融資をしなければいけないのか、その理由付けができないと本審査にもっていけません。

たとえば「転勤族で新しく住むようになった」「学生時代から長く住んでいて町を詳しく知っている」「この町の出身で、ゆくゆくはまた戻ってくる予定だ」といった理由が必要なのです。

たとえ別の場所で世帯を持っていても、「実家で介護がはじまっているので、今は自分だけ同居しているけれど、定年後は夫婦で永住する予定だ」というストーリーを描いて実家のそばにある信金で借りた人もいました。

このように真摯な姿勢で将来のビジョンを見せるのがポイントです。

口座開設のハードル、実態調査

事業の実態とは、聞きなれない言葉ですが、融資では非常に重要です。法人で融資を申し込んだ場合、審査に入る前にその法人が具体的にどのような営業活動や事業活動を行っているかを確認します。これを「事業実態の確認」といい、最初のハードルとなります。

なぜこのような確認が必要なのかというと、たとえば、「表向きはコールセンターとして融資申し込みをしてきた企業が、実際にはオレオレ詐欺グループだった」という事態を避けるためです。

違法な営業だけでなく、登記だけして、ほぼ営業活動を停止している企業もあるため、きちんと営業しているかを重視するのです。

事業実態の確認の際、金融機関は事業をしている場所を必ず確認します。特に、民間の金融機関は審査が厳格で、バーチャルオフィスやシェアオフィスの場合、場所の確認が難しいため、融資どころか口座開設すら断られることもあるようです。

また信用金庫、信用組合などはエリアにも厳しく、営業エリア内に本店所在地がないといけない（支店登記ではＮＧ）というケースもあります。


具体的に何をもって「事業の実態と捉えるのか」は聞いても教えてくれないようです。一説によれば、「コピー機があり、従業員がいること」が条件ともいわれています。

私も銀行の方に、「実態を確認するためにパソコンが置いてある机とイス、コピー機がある写真を撮りたい」と望まれたことがありました。

その写真で実態が証明されて口座開設できたのです。ですから愛知県の地銀や信金は、シェアオフィスでの口座開設は難しいかもしれません。


前述したとおり、何が正しくて何が正しくないのかは、その金融機関のルール次第です。各人の属性や居住地、所持している資産、そして実績によるところが大きいので注意が必要です。

売却で手元資金を厚くする

売却のタイミングも人や状況によって異なりますが、私は融資を受けたいと思ったときが1つのタイミングだと考えています。融資を使った投資を考えるステージで売却をして手元資金を厚くすることも視野に入れます。

買い続けているとキャッシュが枯渇してしまうので、手元資金を厚くしないと次の物件を買えないし融資もできません。

売却で現金を得たら、新しく物件を買ってしまうとまたキャッシュ切れを起こしますが、そこで融資をするのがベストだと思います。

一方、「よいタイミングで利確（利益確定）をしたい」という気持ちもあるでしょう。利確のタイミングは難しいため、個人的にはすぐに売ろうと思っていなくても、少し高めに売却依頼を出しています。

利回り15％で売れればいいですが、利回り10～12％と少し価格を高めに出し、売って一度利確をしたいと思ったときに、少し金額を下げてきちんと売り抜ける金額設定にしていくのです。

逆に、高く設定していた金額で売れることもあります。高い設定で買うのは1戸目や2戸目の方がほとんどです。

すべてではありませんが、私は常に2～3戸を売りに出しています。売却に出す物件を選ぶ基準は、収益性は高くても資産価値の少し低い物件、つまり路線価が低く利回りのいい物件から売りに出しています。

最初に買うときは収益性が大事ですが、増やしていきたいのはやはり評価の高い物件です。なるべく評価の高い物件を残し、評価の低い物件を売って現金化していくことで融資を受けやすくする考え方です。

戸建てのオーナーチェンジ物件を買う人たちは初心者が多いといわれています。初心者なので利回りがそこまで高くなくても指値をせずに買ってくれるのでしょう。

投資家は安く買いたがるものですが、オーナーチェンジ物件はあまり指値が通らないと思っているのかもしれません。私自身、大きな指値をされたことはありません。

一番いいのはオーナーチェンジで投資家に買ってもらえることなので、仕上がって入居が決まり半年ほどしたら私は売りに出します。遅くとも1年半までには出しています。うまく売れたらラッキーという気持ちなので売れなくても気にしません。

なお、個人の短期譲渡税など税金は意外とかかります。

短期譲渡の場合は税率が高く、利益の半分弱が税金になります。長期譲渡、つまり5年以上のほうがいいのですが、5年経つと簿価が減り利益が出やすくなるから、それはそれで税金が高くなるのです。

ただ、お金がない人は売らないと次に進めないので売るしかありません。高く売れたらそれだけ税金も高くなります。ただ「高く売れたらいい」というほど単純な話ではないのです。

最後に売却に対する金融機関の考え方をお伝えします。基本的に金融機関は借り換えや早期返済を嫌がります。売るならそれなりにきちんとした理由があり、納得してもらえなければいけません。

所有期間により税率が変わる

ケースA
2018年5月1日に取得し、
2023年7月1日に売却した場合
所有期間は5年2カ月・売却した2023年の
1月1日現在で4年7カ月経過　→　短期譲渡

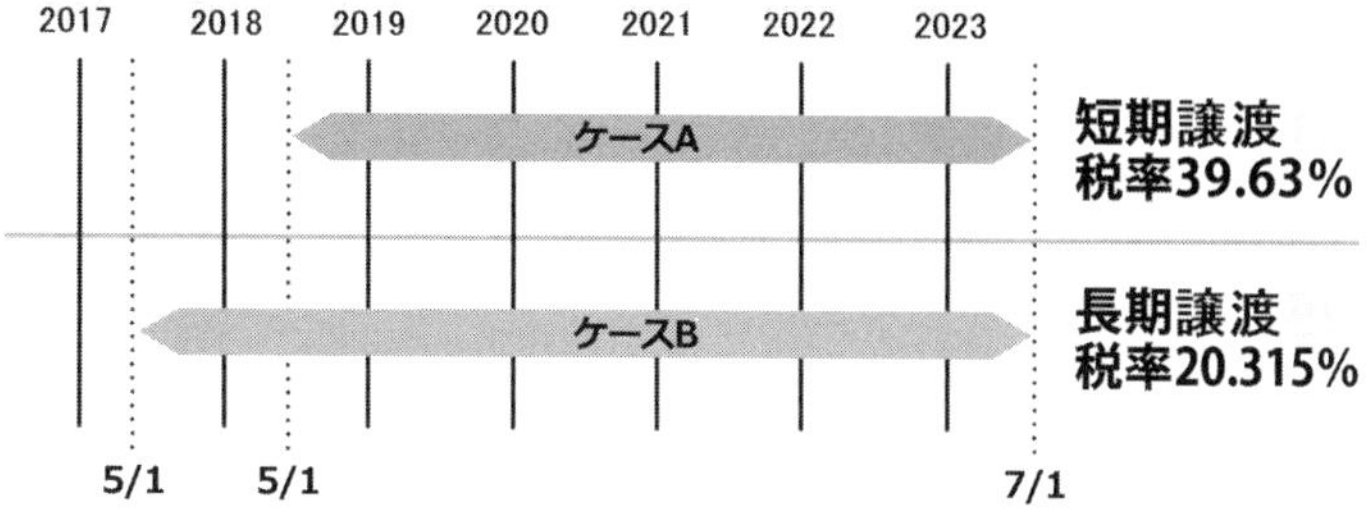

ケースB
2017年5月1日に取得し、
2023年7月1日に売却した場合
所有期間は6年2カ月・売却した2023年の
1月1日現在で5年7カ月経過　→　長期譲渡

売却後に瑕疵が見つかることも

また、売却後に責任を追及されることがあるので注意が必要です。

こちらは、かつては「瑕疵担保責任」で、売買する不動産に「隠れた欠陥や不具合」があったときに、売主が買主に対して負う責任がありました。

たとえば、購入前は気がつかなかったけれども、入居してみたら床下にシロアリ被害に遭った、大雨が降ったら雨漏りがするなどが、隠れた欠陥や不具合にあたります。

これが2020年からは「契約不適合責任」となり、「引き渡された目的物が、種類、品質、または数量に関して契約の内容に適合しない場合、責任が追及される」ことがルール付けられました。

契約不適合責任では、「隠れた欠陥や不具合」の有無ではなく、「契約内容に合ったものかどうか」がポイントです。たとえば入居してからシロアリに気づいた場合には、それが「契約内容とは違っていた」ことが問題になります。

また、瑕疵担保責任では、知ったときから1年以内に損害賠償請求や契約解除をする必要がありましたが、契約不適合責任では、契約の不適合を知ってから1年以内に売主へ通知すれば、1年が過ぎても権利が守られると改正されました。

つまり瑕疵担保責任よりも契約不適合責任のほうが、買主の権利がより手厚く守られるようになったといえます。

売却時に「契約不適合責任は免責」とできますが、特に法人所有の物件をマイホームとして個人に売却した場合、免責であっても後々責任を問われるケースがあります。

トラブルを避けるためにはシロアリの駆除など、自分でほどこした修繕とその理由をきちんと伝え、「それ以外のところは現況を見てもらうしか確認方法がない」と伝え、同じ内容を重要事項説明書に入れてもらうのがよいでしょう。売却したあとに瑕疵が見つかるのは築古ならでは。しっかり意識して売却を進めてください。

だましているわけではなく、気づかぬうちにネガティブな情報が潜んでいることはよくあります。たとえば、雨漏りが進行しているなどを、入居者さんが言ってこないこともあります。後々判明すると、買主さんから「だまされた！」と言われてしまうので注意しましょう。

私は売主さんから、「不具合などが起きていないかを入居者さんに確認して欲しい」と連絡を受けたことがあります。

管理会社がいれば管理会社経由で確認して、「特にトラブルはない」と伝えてもらいましょう。管理会社がいない場合は自分できちんと伝える必要があります。

賃貸借契約の更新のタイミングなら入居者さんに確認しても不自然ではないでしょう。「不具合があったら修繕したい」とヒアリングする理由を添えられます。

オーナーチェンジの場合は中の状況が見られないので、内装の写真を事前にたくさん撮っておくのがオススメです。写真のないオーナーチェンジ物件もよくありますが、写真があると買主さんが安心します。

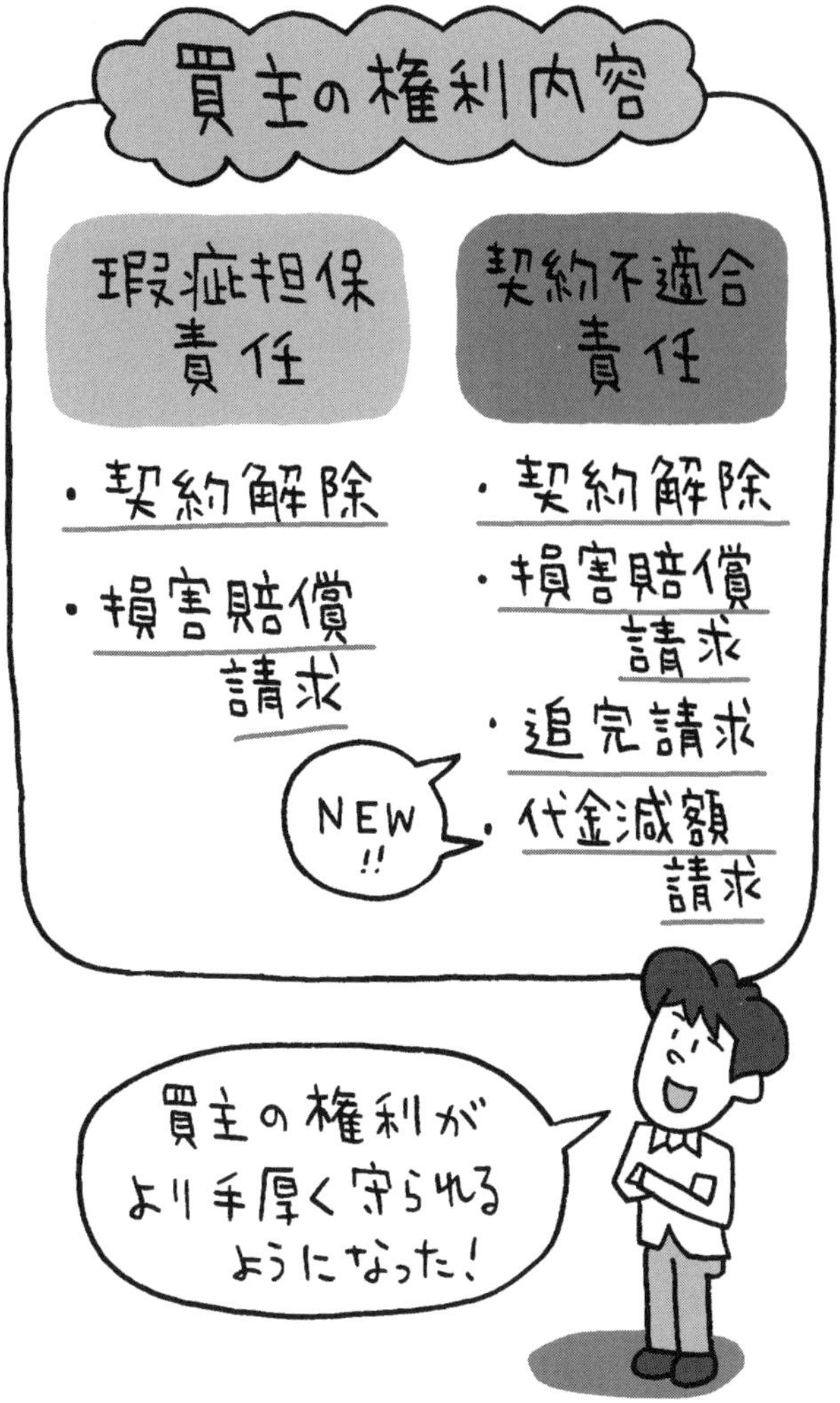
買主の権利内容
瑕疵担保責任
・契約解除
・損害賠償請求
契約不適合責任
・契約解除
・損害賠償請求
・追完請求
・代金減額請求
NEW!!
買主の権利がより手厚く守られるようになった！

売却時の業者の探し方

オーナーチェンジで売却するときの不動産会社は、健美家や楽待で調べられます。不動産投資家向けの健美家や楽待に載っている会社は、同じような物件を広告で出しているので、戸建てを求めるお客さんを抱えているはずです。

よさそうな不動産会社を見つけたら、電話でヒアリングしてよさそうであれば依頼しましょう。

ただ、リサーチして見つけた会社の距離が物件から離れていることもあるかもしれません。この場合、近さよりも慣れている会社のほうがオススメではあります。

あとでトラブルがあったとしても、慣れている会社のほうが対処法を知っていますし進めやすいでしょう。

一方、地元の管理会社は未知なところがあります。

私の経験をいえば、地元にあるオーナーチェンジ物件をネット掲載していた会社は、初めての付き合いでも物件をネットに出してくれました。利益の少ない安い物件をネット掲載してくださるのはありがたいことです。

私はまず、専任媒介にはせずに一般媒介で2～3業者に出します。業者の立場としては専任のほうがいいだろうと思いますが、「専任にするように」と言われたことはありません。

そうすると反応がある会社、反応のない会社に分かれますので、反応のあったところは次回も最初から依頼します。

このように関係を構築しておき、次に売りたくなったときも1社ではなく、他にも1社違うところを探して2業者に並行して依頼します。

私の場合は健美家や楽待でたまたま見つけた地元の会社にお願いしたら高い値段で売れました。

まとめ

現金投資と融資を使った投資で変わるのは、「評価」の仕方

初心者が融資を受けるためには情報と準備が必要

売却をして資金を厚くすれば、先に進むことができる

最終章

不動産投資で得られたもの

お金と時間の自由

不動産で得たものはたくさんありますが、一番よかったのはお金と時間が自由になったことです。これこそ私が追い求めていた姿でした。

くわえて思うのは、不動産を通じてできた友人や仲間のありがたみです。大家さん仲間は一緒にいる時間が増えたことで友人へと変わり、頻繁に連絡を取るようになり家族ぐるみの関係になりました。

親しい仲間はお金に代えられないもので、とても貴重だと感じています。

不動産はお金の話が密接なだけに、みんなが互いの家賃年収や持っている物件を知っており、一般社会とは少し違うところがあります。

実際に私も、大家さん仲間とはお金の話を含めて不動産の話をします。だからこそ自然と仲が深まるのかもしれません。

このように、お金と自由があるのは私の目的でしたし、それを手に入れて幸せな日々を送っていますが、ただお金だけあっても、うらやましくない状況があります。

投資規模が大きくても大きな借金をしている場合がありますし、巨額な資産を持つ地主さんでも、後々は相続で大変な思いをされているケースもあります。

つまり一概に「お金がある＝いいこと」とは限らないのです。たくさんお金を持っていると維持するのも大変です。

また、不動産投資の世界では、医師や弁護士など属性が高い人ほどカモにされるリスクがありますし、「相続税対策」という営業ワードにだまされ、ひどい目に遭う地主さんも後を絶ちません。

不動産業界は、いわゆる一般的なエリートが優遇されるとは限らないのです。私は属性が低いのが幸いして、そのようなことはありませんでした。ある意味でフェアな世界なのです。

目指したい人、理想とする人の存在

大家業＝不動産賃貸業には正解がありません。さまざまな手法があり、それぞれで成功している人がいます。

私が行っている田舎の空き家投資は再現性が高く、若くてお金のない人にぴったりだと考えていますが、まとまった資産を持っている人、融資を受けやすい属性の人はまた別のやり方があります。

ハイレバレッジをかけて大規模物件を購入する人もいますし、中古の区分マンション投資を行っている人、ボロボロの廃屋のような物件の再生を得意とする人もいます。ものづくりが好きな人は新築でも中古でも細部までこだわるでしょう。私のようにオシャレでなくても清潔で快適な住環境であればいい、と考える人もいれば、内装デザインに力を入れて差別化する人もいます。

このように多様性があって、それぞれ認められているのは大家業のいいところです。

ひとつ言えることは、どんな投資が自分に向いているのかを知るためにも、ある程度の知識や経験値が必要です。すべてを自分で行うのは難しいからこそ、大家仲間、とくに初心者であれば先輩大家さんの存在がとても重要となります。

これから不動産投資をはじめる人は、知識をつけるのも大事ですが、人とのつながりも大切にしたほうがいいと考えます。

塾や勉強会などで教わるケース、私のように大家業の先輩から学ぶケースもありますが、メンターのような存在をリスペクトし、真剣に話を聞いたり相談したりする環境に身をおきましょう。

普通の会社や学校では、心の底からワクワクして話を聞く機会はほぼないと思います。しかし、それが不動産投資ならあるのです。

「この人みたいになりたくない……」と敬遠したくなる上司はたくさんいますが、不動産業界には目指したい人や理想に感じる人が多くいます。

相談相手を間違えないこと

昔は情報が少なく、書籍から得るくらいだったと聞きますが、今はSNSを含めたくさんの情報があふれています。ポジティブな情報もあればネガティブな情報もあり、何を信じていいのかわからず、迷っている人は大勢いるようです。

情報が多過ぎてわからなくなっている人は、実際に不動産投資をしている人の話を参考にしてください。

それには同じ境遇や居住エリア、同じような職種、同年代の人に話を聞くのがオススメですが、自分と何もかもぴったり同じ人はいないので、いろいろな人の話を広く聞くのが現実的です。

その中で「こんな人になりたい！」と尊敬できる先輩、投資手法を真似たい人、生き方に憧れる人が現れるかもしれません。

相談する際には、注意があります。不動産投資の相談をしたいとき、不動産投資をしていない人に話を聞くのは意味がありません。

やったことがない人は基本的にリスクが大きいと感じがちです。よく「家族に相談します」「友だちに相談してみます」という人がいますが、相談先を完全に間違えています。ファイナンシャルプランナーも然りです。

とくに未経験の人こそ、ドリームクラッシャーになります。「不動産投資なんて危ない！」「だまされてるんじゃないか？」と反対されるのがオチです。

不動産業者も相談相手には不適任です。「不動産業者のいうことを鵜呑みにしてはいけない」とよく言われますが、それは、不動産業者は不動産のプロ、売るプロであり不動産投資のプロではないからです。

買っている物件の種別が違ったとしても、何かしら不動産を買った経験のある大家さんをしている人に聞いたほうがいいでしょう。

ギブすれば必ず見返りがある

不動産投資をはじめるとき、ほとんどの人が勉強します。学ぶのはいいことですし知識も情報も武器になりますが、知識や情報をただ欲しがるだけの人も大勢います。しかし、単に欲しがるだけではよい結果は得られません。

私が「地方で不動産投資をしている」というと、都会の大家さんから「地方は高利回りでいいね、地方の情報を知りたい！」と声をかけられて会話が弾みます。地方でやっている身としては、都会の人のほうが知識や経験が豊富で、規模の大きい方が多くて圧倒されますが、地方の普通の情報でもおもしろいと思ってもらえるのです。

私のノウハウを聞いた大家さんから、別の新しい情報を得ることもできます。そして、有益な情報を聞いたら、実際に試すようにしています。それがよければ自分の経験値として積み上げていくことができます。

ＳＮＳで発信していると「何のために情報発信しているのか？」「何か商売にしているのか？」と不思議に思われる人もいますが、情報を出すことそのものが自分のためになるのです。

情報だけでなく自分ができることを提供して、人のためになればなるほど自分にも返ってくるので、とても意義深いことだと思います。

情報を発信する人のまわりには人が集まってきますし、人が集まるとさらに情報が集まってくるのです。

自分にとって有用な情報やノウハウを得る方法

今は大家の会をはじめ、勉強会や塾など不動産投資を学ぶ環境が整っています。

不動産を学ぶなら、自分の住んでいる場所や物件を持ちたい場所にある大家の会に参加するのがオススメです。

もちろん著名投資家に学んだり、有料セミナーに行ったりして学ぶのもいいですが、地方ならその地域に特化した情報を得て、自分たちの足元を固めるのはとても大事だと思います。

とはいえ、どんな会なのかは行ってみるまでわかりません。

初心者の方は、まずはいろいろなコミュニティに積極的に参加してみましょう。そうすれば自分に合う場所がエリアごとに自然と見つかるはずです。

自分に合う場所を見つけて、所属している人たちと仲良くなるのが大事です。

その際には前述したとおり、「欲しがる」だけではいけません。教えてもらったら、それを実践して、そこで得た学びを共有する。知識がまだ追いついていないのであれば、お手伝いをさせてもらって経験を積むなど行動に結び付けましょう。

なお、セミナーの開催やコミュニティの情報は、ネットやＳＮＳで得る方が多く、「参加するには、少し勇気がいる」とみなさん口をそろえて言います。

今、私たちがやっている勉強会では、大家の会の代表者さんに登壇してもらい、いろいろな大家の会の話を無料で聞けるようになっています。

会の特徴や代表者さんについてオンラインの勉強会場で知ることができると、各会に参加するハードルが一段下がるようです。ハードルを下げるのは、私たちの勉強会の趣旨のひとつでもあります。

また大家の会は、交流したり学んだりするだけでなく、後進を育てたい人にとってもいい場所だと思います。大家の会を有意義に使えば自分自身が成長できますし、人に教えることで、どんどんつながりが生まれるのです。

初心者は業者主催のセミナーに注意!

逆に、業者が開催するセミナーは注意が必要です。

なかには著名な投資家さんや、不動産投資の書籍の著者さんが登壇しているセミナーもあります。そうした業者主催の無料セミナーは魅力的に感じますが、客寄せパンダとして利用されている場合もあるので気を付けてください。

よくある業者セミナーでは、中古一棟マンションを扱う業者であれば、一棟マンション投資で成功した著名投資家がセミナーを行い、そのよさや体験談を語ります。大きく儲かった話を聞いて、モチベーションがあがったところで、セミナー後に営業マンとの個別面談があります。そこで紹介される物件は、著名投資家が購入したような割安な物件ではありません。

これはだましているというよりは市況の違いで、たとえば5年前、10年前、15年前では、不動産価格は驚くほど違います。ですから相場で買ったとしても、今年買える物件と過去の物件ではまったく別物なのです。

その辺を理解せず勢いだけで購入してしまい、後悔する初心者が後を絶ちません。とくに新築ワンルームマンションは、所有するだけで赤字になる物件もあります。

なかには書籍を読んで勉強した人が、割高な新築一棟アパートを買ってしまうこともあります。

お金のない私からすると、なぜ儲からない物件を買うのか疑問でしたが、「高利回りは昔の話です。現実的に買える物件を選びましょう」など業者の話が巧妙なのです。話している内容は、ある意味正しいので厄介だと思います。

黒田前日銀総裁による異次元緩和がはじまった2013年以降、どんどん融資が緩くなり、それは一部の金融機関による不正融資が問題となった2018年まで続きました。

当時はそこまで高属性でなくても、また現金がなくても、気軽に不動産投資がはじめられたため、とてもラッキーなタイミングでしたが、第7章で解説したとおり悪い業者も暗躍しており不正融資が行われていました。
そのため融資をうまく使って規模拡大できた人がいる反面、失敗投資で大きな損をしてしまった人もたくさんいます。

私が不動産投資をはじめたのは、さらに数年後ですから、その当時のことはすっかり過去の話でしたが、もしタイミングが違っていたら私も被害に遭っていた可能性は十分ありえます。

融資が厳しい今は、そこまで強引な営業をされることは減りましたが、それでも儲からない物件を販売している業者は存在します。
たまたまたどり着くのが良心的な大家の会か、はたまた強引に営業する業者かは運命のわかれ道です。入り口は同じように見えるのでなおさら怖いです。私も一歩間違えていたら……と想像するとぞっとします。

値段だけでは価値を判断できない

「お金をかけずに勉強したい」という人がたまに相談へ来られます。

現代は情報がいくらでもあり、お金をかけずに学ぶ方法ももちろんありますが、タダで手に入る情報を活用する場合は、価値がある情報かどうかを見抜く目が必要になります。一度でもお金を出して学ぶとその意味がわかるでしょう。

書籍を読んだだけで問題なくすべてできる人もたまにいますが、ごく少数です。

私は自己流ではじめて副業に失敗したことがあり、普通にお金を払って学んだほうがいいと実感しています。そのほうがコストパフォーマンスもタイムパフォーマンスもいいでしょう。

今はスクールや塾など、学ぶところはたくさんあります。ひととおり基本的なことを学べば、いろいろな情報を理解できるようになります。情報を理解できるところまで知識を得るのは、やはり基本です。

一方、高額塾で学ぶことに否定的な考えもあります。私は幸運にも先輩や仲間に恵まれましたが、全員が全員こういった環境ではありません。

しかし、塾やスクールによっては割高に感じるところもあります。大家の会のメンバーに聞くと、「不動産投資は学べたけれど、出した金額だけの価値があったのかは疑問だ」という声がありました。

ただ、それだけのお金を払ってでも勉強して成功したいと思っているメンバーしか来ていないので、「出会ったメンバーには価値がある」と言っていました。

知識ではなく、環境を買うという考え方です。ある程度の金額を出して学びたい人の集まりには、人脈そのものに価値があるのです。

コストパフォーマンスは学びの内容でも判断すべきです。

低額でもオンラインだけのつながりで、動画セミナーを見るだけのものもあれば、高額ですが月に一度リアルセミナーや物件見学会があり、懇親会もあり、たくさんの仲間をつくれる場合もあります。

「覚悟を決める」ことも大事

お金を払う行為には、「覚悟を決める」という側面もあります。高いお金を払うことで覚悟が固まるのはダイエットや英会話も同じでしょう。

無料で見られる動画でも美容体操やダイエットレシピは学べますが、何十万円もかけてパーソナルジムへ通いマンツーマンで行ったほうが結果が出る可能性は高いです。英会話もラジオ英会話で学べますが、なかには大金を払って留学する人もいるわけです。自分でできないから、お金をかけているのです。

「覚悟ができているか」は、不動産投資はもちろん、何ごとにおいても大事です。もちろん、人に頼らなくても自分だけでできる人はいますし、仲間とやったほうがいい人もいれば、個別にマンツーマンで習いたい人もいるでしょう。

本当にできる人は、独学で英会話をマスターしますし、ダイエットにも成功しますが、多くの「普通の人」はなかなか難しいものです。

繰り返しになりますが、不動産投資では知識を持つことが必須です。さまざまな手法があり、どの分野においても成功できる反面、知らないことで損をしてしまう可能性がとても高いのです。それは物件購入においてもそうですし、運営や売却でも同様です。

また、不動産購入は安い物件であっても100万円以上は使いますから、動かす金額が大きいので、自分1人の判断では心もとないところがあります。

行動を起こすためのモチベーションを高めたいですし、誰かに背中を押して欲しいと思うこともあるでしょう。

くわえて、よほどヒマな職種でもない限り、本業を持ちながら、不動産投資を続けていくのは、強いマインドが必要です。

だからこそ、強い覚悟が必要ですし、お金を払うということが覚悟につながります。とはいえ、前項で解説したように、ただいたずらに大金を払えばいいという話ではありません。金額よりは自分に合った場を選ぶのが大事です。

主に学びの場であるスクールや塾と、交流や情報交換が主の大家の会は違いがありますが、大家の会にも講師を呼び勉強するようなスタイルがあります。

大家の会は一部のスクールのように高額費用がかかることは少ないですが会費や参加費はかかるため、きちんと学びたい意欲がある人と情報交換や交流ができ、仲間になれるのでコストパフォーマンスはとてもよいと考えています。

まずは覚悟を決めて
チャレンジしよう!
同じ目的を持った、意欲の
ある仲間とつながろう!

「大家の会」を活用しよう

「全国大家の会」は全国の大家さんを紹介している場所なので、自分に合ったところを見つけるのに最適な入り口だと思います。

私が「全国大家の会」を立ち上げて当初にしたことは、すべての「大家の会」をピックアップする作業です。約１００団体あったのでエリアごとに分けて集計し、１つひとつの会にＤＭを送りました。

反応のあった方とはオンラインで話をし、「全国大家の会」の立ち上げと活動方針を伝え、ホームページに掲載させて欲しいと1団体ごとにお願いしていきました。ひとつとおりの団体から許可をもらうまで1年以上かかりました。

また、オンラインで勉強会をしている団体に対しては、「お金を払うので勉強させてください！」と申し出て、一緒に学ばせてもらいました。足を運べるところへは週末に時間をつくり直接会いに行きましたし、勉強会をリアル開催している会にも訪問しました。

勉強会に参加しつつ「大家の会」の代表者さんと仲良くなり、人脈を築いていきました。

都会は属性や投資法、高額かどうかなど会がいろいろと分かれている一方、地方は会が数個しかなく、さまざまな人が混じっています。

いろいろな属性の人がいる会もいいものです。主宰者が一人で運営している会は基本的にトップダウンで、主宰者の投資手法以外を否定まではしないものの、別の手法について教えていない場合もあります。それにハマる人はよくても、ハマらない人は合わないために心が折れてしまいます。

具体的にはトップに立っている人が、たとえばボロ戸建てからはじめて次に木造アパートを買い、今はＲＣマンションを購入しているといったように、さまざまな手法を経験していればいいでしょう。

しかし、ボロ戸建て系のＤＩＹだけを行っている会にＤＩＹの苦手な人が入っては悲惨です。頑張ってＤＩＹをできるようになろうと努力するかもしれませんが、本来自分でしなくてもリフォーム業者さんに頼むことができます。

さまざまな選択肢を知らないと、しなくていい努力やまわり道をすることになってしまいます。

区分マンション投資しか知らないと、「区分マンション以外は手を出すべきでない！」と思い込んでいるケースもあります。

ミスマッチにならないためにはいろいろな大家の会へ行き、いろいろな話を聞くのが何より大事だと思います。

きちんと知識を得て、さまざまな選択肢をもったうえで、「この会のやっていることと、自分の状況がマッチする！」と確信できる場所を見つけ、やり方を参考にしながら進めましょう。

不動産投資は俯瞰して見るのが大事

精一杯やっていても、壁にぶつかり嫌になることもあるでしょう。苦しくてやめてしまう人もいますが、自分のスタンスや状況がわかれば大した問題ではないと気持ちが楽になるときもあります。

「だまされた！」と悔しんでいる人が実はだまされていなかった、買ったタイミングが悪かっただけというのもありがちです。

たとえば戸建てのリフォームで数百万円をかけると「それは高すぎる！　過剰なリフォームじゃないか」とアドバイスされることがあるかもしれませんが、必ずしも過剰とは限りません。

都会には、お金をしっかりかけて修繕することで家賃が何万円も上がるエリアもあります。30万円で直し、高利回りで運営するスタイルの人にとっては詐欺のように見えるかもしれませんが、それは詐欺なのではなく投資法が異なるのです。

30万円分のリフォームを300万円で行ったのであれば損をしています。しかし、水回りを含めたリフォームであれば、多少割高であっても、過剰なリフォームにはなりません。

また、30万円で直すはずが300万円かかってしまったということであれば、物件の選定ミス、または工事の発注ミスです。こうした失敗は初心者にはつきものなので、だからこそ仲間と情報が必要なのです。

失敗してもリカバリーの方法はあります。

多少の失敗や損は必ず生じますが、それが致命傷になり破たんするかどうかは別の話で、しっかり向き合って乗り越えていくことができるのです。そのためにも、どうか一人で抱え込まないようにしてください。

初心者ほど、目の前のことに一杯いっぱいになりがちですが、少し俯瞰してみると、自分がどの位置に立って、何をすべきか見えてきます。そのためにも繰り返しになりますが、仲間と情報が大切になるのです。

身を置く環境が自分自身をつくる

不動産投資において、モチベーションはとても大事だと思っています。不動産投資から離れていく人がいるのはモチベーションがもたないからです。

しかし大家の会に入ってメンバーと交流するとモチベーションが上がりますし、他の人が活躍している話を聞くと、「自分もそうなりたい！」とイメージが沸いてきます。


自分の周りにいる人が、自分をつくるという側面もあります。私も大家の会へ行くようになり、自分よりも規模が大きい方がたくさんいることを知りました。

普通の生活を送っていると家賃収入が30～50万円もあれば暮らしていけるので、「それで十分！」と思っていたのですが、いろいろな勉強会に行ったり人に会ったりするうちに、「規模を増やして経営を安定させたい。そのために融資を使おう」という感覚に変わりました。

の環境でした。

「環境が当たり前を決める」というのは、私の高校時代にも感じたことがあります。私の通っていた福井県の高校は、バスケットボールで日本一を目指すのが当たり前の環境でした。

そこに入ると、うまい下手に関係なく全員が日本一を目指す生活をするのですが、地元に帰るとそういった価値観や生活は当たり前ではありません。「昔はそういう生活をしていた」といった感覚になります。

当たり前に思っている価値観を変える環境こそが、大家の会という気がします。大家の会では、価値観を変えるほどの環境が簡単に手に入るのです。100%とは言い切れませんが、ある程度は変えられるでしょう。

「不動産投資をはじめて人間関係が変わった！」という人は実に大勢います。なかには、100%変わった人もいるほどです。それほど環境が大事なのです。

環境をつくるには、自分でその環境に身を置かなければいけません。今は大家の会が充実しているので行かない手はないです。

ただし、場所も人もさまざまなので、教わったことを実践するのはマストではありません。むしろ正解が人によって異なるからこそ、さまざまな人に会うべきです。大家の会に所属しつつ、他のところで交流しても構いません。

不動産投資には常に学びがついてまわり、どれだけ情報を持っているかで大きく変わります。情報は常にアップデートされるので、自分のもっている情報も更新していかなければいけません。だからこそ大家さんたちに会える場所に行き、そこからさらに違うところへとつなげて交流の幅を広げていく必要があるのです。

学びながら大家業をすると、価値観が大きく変わるので、たとえば今30歳で目の前の仕事が嫌でたまらないのであれば、大家の会に行って先輩大家さんの話を聞いてみてください。不動産投資は無限の可能性を秘めています。

私の場合、たまたまバスケットボールをしていて、その先に大家の会への道が続いていましたが、ネットで検索するだけでも扉は開くのです。少しでも「いいな」と思ったら参加しましょう。最適な人生につながる可能性があります。

おわりに　～運命の出会いが私の人生を変えた～

本書を最後までお読みいただきまして、ありがとうございました。

私の不動産投資のベースにあるのはバスケットボールの人脈です。

バスケットボールは小学生のころからやっており、プロを目指すほどではありませんが、高校時代にはインターハイで優勝しています。

当時、一緒にプレイをしていたメンバーの中には、プロとして活躍している人もいますが、彼らを見て自分はプロになれるほどのレベルではないと悟りました。どれだけ頑張っても彼らを超えられる気がせず、そもそも持って生まれたものが違うように感じたのです。

最初から大学を卒業したら教師になると決めていたわけでもなく、「体育の教員免許が取れれば、将来はなんとかなるのではないか」という漠然とした考えしか持っていませんでした。

当時の私は、目標も夢もないまま社会人になり、社会の厳しさを体感し、なんとなく不安を抱えながらも、日々の生活を過ごしていました。

もっといろんな大家さんとつながりたい

何事も新しいことをはじめるには情報はとても大切です。私自身、過去にアフィリエイトやYouTubeで失敗したのも、情報元、情報の質、情報の活用方法がよくなかったのだと思います。

不動産投資においても、何も知らずにはじめてだまされる人もいますし、だまされていなくても、収益構造がわかっておらず人任せにしている人も多いでしょう。

私の場合は過去の副業の失敗経験もあり、その厳しさがわかっていたということに加え、ビジネスの仕組みについてさまざまな書籍を読んで勉強していました。そのため、不動産の仕組みもスムーズに理解できましたが、ものの売買や仕入れを実体験としてわかっていないと、不動産のすごさ、ストックビジネスのすごさを理解できなかったかもしれません。

とはいえ、自分だけの情報収集、勉強では限界があります。名古屋市在住ということもあり、「東海大家の会」に入会させていただき、勉強会を通じて不動産投資のノウハウを学びながら、実際に最初の物件購入のサポートをしていただきました。

そこでは、いろんな先輩大家さんとの出会いがあり、さまざまなアドバイスを受けることができました。成功体験はもちろん、失敗した話など、ざっくばらんに話をしてもらえ、気軽に相談することもできます。

同じ目標を持った仲間がいることで、効率よく不動産投資を学ぶことができ、投資経験のない私でも短期間で成果が出せたのだと思います。

大家業においてもしっかりとした情報と、教える・教わる環境が必要です。私はたまたま幸運な出会いを得られましたが、このようなことは稀有でしょう。

そして、多くの人はこのような恵まれた環境になく、最初は一人で学んでいます。または、学ぶ機会もなく無知で失敗しているケース、失敗した後に相談できる人がいないケースも多いことを知りました。

私たちが「全国大家の会」を立ち上げたのは2021年です。私自身が初めて物件を購入したタイミングであり、「自分と同じように悩む人をサポートできる場を作りたい」「仲間をもっと作りたい」という想いから、仲間と一緒に立ち上げました。「東海大家の会」に引き続き加入して活動することも考えましたが、もっと広い視野で多くの学びを得て、それを少しでも多くの仲間と共有する仕組みを作りたくて新たな会の立ち上げを決意したのです。

このような会を立ち上げる際、自分のノウハウを教える会を立ち上げる人も多いです。私自身に実績や経験値がもっとたくさんあれば、人に教えたり、アドバイスをする立場になるという発想になったかもしれません。

私はサラリーマンこそ卒業したものの、まだ目標までは道半ばで、田舎の空き家投資しか経験がありません。

もちろん、本書をはじめ自分の知っていることは惜しみなく提供するつもりですが、不動産投資にはさまざまな年代の方、さまざまな職業の方がいらっしゃいます。それぞれ住む場所も異なれば、目指すゴールもさまざまです。ノウハウの提供よりは、大家経験者として、皆さんが情報交換をする場の提供をするほうが自分のためにもなるし、まわりの大家さんのためにもなると考えたのです。

実際、全国各地の大家の会に足を運ぶと、実にそれぞれのカラーがあることに気づきました。都市部の「大家の会」は主宰者がいて、その人とやり方が合う人たちが集まります。参加者が多いけれど、同じような属性の人たちに偏りがちです。

一方、地方ではひとつの会に多様な属性の方が参加されています。年齢も20代～70代まで幅広く、女性大家さんもいます。裕福な地主さんと、給料の低い投資家さんが混じっていることも多いです。

各地の大家の会への参加は、新たな大家さんと「新しい大家の形」の出会いの場であり、私にとって非常に刺激的でいつも大きな学びになっています。

塾やスクールとは違う地元ならではのつながり……。このような学びをもっと多くの方にも知ってもらいたいです。

すべてはご縁からはじまった

本書を通じて不動産投資の魅力を知ってもらいたい。たとえ若くて収入が少なくても、田舎の空き家投資であれば、家賃収入を得られることができると伝えたい。

そう考えて本書の執筆を決意しました。

内容としてはスムーズに進んだように映るのかもしれませんが、1物件ごとにトラブルや問題点が多くありました。

その都度、悩み考えながら進めていき、大家の会でアドバイスを得たことがきっかけで解決できたケースが多々あります。

また、これまで私が不動産等投資をできているのも、ご縁あって全国大家の会代表理事という立場を経験させていただいているのも、自分だけの力ではなく、多くの人に育ててもらったからです。

不動産にまつわる情報は大切と書いていますが、知識やノウハウだけでなく、人と人とのつながりから得るものがとても大きいと改めて感じております。だからこそ、本書では大家さん仲間や先輩大家さんの大切さをお伝えしています。

最後に、謝辞を述べたいと思います。

本書の企画にご尽力いただいたプラチナ出版の今井社長、構成や編集をお手伝いいただいた布施さん。

寄稿をくださった「東海大家の会」の加藤至貴さん、「ドリーム家主倶楽部」の加藤薫さん、「Ｔｅｒｒａ ｃｏｙａ 大家の会」の林奏人さん、「ひろしま大家の会」の横山顕吾さん。

それから全国大家の会の運営メンバーのみんな、全国大家の会のサイトで紹介をさせていただいている全国69（２０２４年2月時点）の大家の会の皆さん。皆さんの存在がなければ今の自分はいません。ありがとうございます。
なにより、私の「専業大家になる！」という挑戦を陰ながらサポートしてくれた家族に感謝します。

そして、本書を最後まで読んでくださった読者の皆さんにも、もう一度お礼を言わせてください。本当にありがとうございます。
本書が、これから大家さんになりたい人の背中を押すきっかけになれば、こんなにうれしいことはありません。

2024年2月吉日

「全国大家の会」代表　吉岡 良太

東海大家の会
加藤　至貴氏
（愛知県在住）

はじめまして。愛知県在住の専業大家です。

現在41歳、23歳で大家になりまして、不動産投資歴18年目です。得意とする不動産投資手法は、築古戸建て、および全空再生転売の利益を新築投資に回すスタイルです。

吉岡さんとはもともとバスケットボールチームのチームメイトで、コロナ禍に時間の余裕ができたので、「不動産投資を教えようか」と私から声かけたのがきっかけです。

私がなぜ若くして大家になったのかといえば、ことの発端は独身の叔父の事業の失敗です。叔父の4億円を超える借金を兄弟である私の父が相続したのです。

あきらかに負の財産が多く財産放棄を検討したのですが、複数の親族の自宅が抵当権に入っていたため、相続放棄ができませんでした。

父は努力して返していく方向を選択、その際に小さな資産（長屋とマンション）を継いだのですが、父が病に倒れてしまい、当時、23歳の私が連帯債務者として債務だけを引き継ぐことになったのです。

大学を卒業してやりたいこともなく、ただ生きているだけのフリーターの若者が、いきなり4億円の借金を背負わされた状況でした。

引き継いだときにあった名古屋市港区の物件をメインに市内に80室程度、岐阜県の戸建てや福祉施設を含め50室程度、その他工場や貸し駐車場、看板、田んぼ、電波基地局などを所有中。現在は社会福祉協議会や地域の生活福祉課、居住支援法人との連携により、生活弱者への生活自立に対応した賃貸物件の提供と情報共有プラットフォームの構築をメインに、空き家の活用をしております。

また直近では、譲渡型賃貸での低属性の方や母子家庭への生活住まいの提供もスタートし、ユーザーと大家さんをつなげるための啓蒙活動も進めております。


築古再生が得意になった理由は、親族とのトラブルからです。父方の兄から私の父に相続後、私の父が業務上横領で刑事告訴されました。

その際に被害額最終の7000万円を民間（私の顧問税理士より）借入れたため、その担保として所有物件に抵当権がついており、融資を使う投資戦略ができなかったのです。そこで金で買える戸建てや、自身の努力次第で収益が伸びる全空再生をせざるを得なかったのが実態です。


東海大家の会を立ち上げたきっかけは、自身のレベルアップのためです。

18年前はＹｏｕＴｕｂｅもなく、駆け出しの大家として情報収集する術がなく、詳しく知っている方に来てもらって教えてもらおうと思い、コミュニティーを作りました。

現在の主な活動と活動頻度は、月2回のオンラインを含むセミナーと隔月1回のビジタービギナー向けのセミナーと食事会がメインです。年に2回イベント開催と海外旅行などを企画して大家さんとしてのスキルアップの情報配信をしております。20～40代の比較的若い層が多いので、お気軽に参加いただけたらと思います。


最後に僭越ながら読者の方々にアドバイスをさせていただきます。私の場合は経歴が少し特殊でもありますが、読者の皆さんに強くお伝えしたいのは、不動産投資は時間を味方にして資産拡大ができるということです。

若いうちから稼働産を所有し、同じ年代の方々とチームを組んで楽しみながら経済的自由を掴み取りましょう。

ドリーム家主倶楽部
加藤 薫氏
（兵庫県在住）

関西には多くの大家の会が存在するにもかかわらず、新たな会員の募集や入会窓口を設けている会がほぼないため、私が代表を務める「ドリーム家主倶楽部」に吉岡さんから問合せが来たのをきっかけに知り合いました。

お会いするまでは、年配の方をイメージしていたので、想像していたよりも、若くて驚いたのを覚えています。

また、その際に、関西の大家の会事情や特性、そして全国的な展開のお話しから、大家サミットの案が出て、その後、実際に大阪で開催され、吉岡さんの行動力や実行力に感銘を受けました。

私自身は、兵庫県で地場系不動産会社に勤めており、不動産業界で働いていたものの、普通のサラリーマンで、貯蓄は常に2けた万円キープするくらいの超低レベルでした。

不動産投資をはじめたきっかけは、私が30代後半のころ、勤め先の会社に将来的な相続を見越して事前に売却したいという知り合いの相談があったことです。

具体的にはJR伊丹駅から徒歩5分ぐらいに立地する長屋を処分したいという話でしたが、切離しが難しい狭小長屋で、前面道路も狭く一般市場では非常に売却リスクも高く、転売が見込めないという背景もあり、会社も引き取れず、たまたま私個人で購入することになりました。

借入をして購入したので、返済が始まり、貯蓄さえままならない当時の私には大変で、何とか返済分だけでも家賃でまかなえないかとたどり着いたのが、賃貸に出すきっかけです。

実際に大家側として貸し出すとなると、売買業務をメインとしていた私には、物件づくりやコスト管理、募集方法なども改めて発見が多かったのを覚えています。

築古の2階建長屋で、間取り変更や設備の入替を行わず、最低限の内装をメインにリフォーム。当時新築住宅なども企画販売していたので、軽微な情報しか載っていない一般的な賃貸の資料と差別化するために、掲載する写真や文言、資料のフォーマットも工夫しました。

駅に比較的近く競合も少なかったので、その工夫が功を期したのかは不明ですが、古い物件にもかかわらず、客付け期間は数か月で決まりました。購入後ずっと吐出しであった銀行口座に、入居者からの家賃が入金されたときには、非常にうれしく初めて大家さんとしての自覚ができた瞬間でもありました。

現在は全空、ボロ、管理の行き届いていない賃貸マンションをリノベ&客付けして、高収益物件へとバリューアップさせて、中期的に保有し十分なインカムを蓄積した後、売却しキャピタルも獲得。戻ってきた資本を再投資して規模拡大につなげています。

まだ会社は卒業していませんが、父親が経営する会社であったので、15年ほど前に代替わりして代表取締役に就任しました。

もともと新築住宅の建築やリフォームには携わっていたので、再生自体には抵抗感なく取り組めました。ただ、借入が非常に難しく、属性や経験値を金融機関から求められるので、その実績の積み上げや、どのように融資を獲得するかという課題に大きな壁がありました。

ですから、これからはじめる、これから大きく展開したい方には、戸建や小規模な集合住宅から、徐々に実績を構築して大きな物件へと、ステップアップすることが最終的に近道であると思います。

TerraCoya大家の会
林 奏人氏
(神奈川県在住)

不動産投資歴は7年で、元事務系サラリーマンから専業大家になりました。現在、36歳です。吉岡さんとの出会いは、もともと仲が良かった別の大家の会の方から、全国大家の会さんをご紹介いただいたのがスタートです。

そこからさまざまなイベントに呼んでいただいたり、ときにはセミナーに登壇させていただいたりしています。

得意とする不動産投資手法は新築、築古、地方物件、なんでもやります(笑)。レンタルスペースも好きです。

私は、不動産投資をはじめるまでは、普通のサラリーマンをしていました。もともとは借金に抵抗があって、融資を受けてアパートを買うこと等は全然考えていませんでした。

しかし、「サラリーマンを辞めたい！」という考えがずっとあり、さまざまな副業や投資について調べていくうちに、「サラリーマンの属性を使って融資を活用できる」「毎月安定した収入が見込める」という点に魅力を感じ、不動産投資に興味を持ちました。

会社がイヤだったわけでなく、昔からノマドワークなどの自由なライフスタイルに憧れがあったのと、サラリーマンではなく個人事業主であれば、自分の裁量で仕事ができる点が魅力的でした。

たまたま参加した大家の会で、同い年でアパートを何棟も持っている人に出会って衝撃を受け、そこから物件を買い始めました。

1棟目は自宅半分、賃貸部分半分という賃貸併用住宅です。割安な土地を自分で見つけて、そこに新築で建てました。自宅部分が半分以上あると、住宅ローンで融資を組めるので、融資期間35年、金利0・6%という好条件でした。キャッシュフローはほとんどありませんでしたが、新築の家にタダ同然で住めました。

引っ越す事情があり売却したところ、1000万円以上の売却益を得られたので、最初の投資としては、上出来だったと思います。

会社を退職したのは、2022年の3月です。もともと30代前半のうちにサラリーマンを辞めることを目標にしていて、34歳で退職しました。

家賃やレンタルスペースからのキャッシュフローが月100万円を超え、退職後の個人事業としての仕事もできそうな目処がたったので、退職を決めました。

退職時の所有物件は、関東エリアにアパート7棟35室、レンタルスペース9部屋運営していました。退職するにあたっては「キャッシュフロー月100万円」を目標としていました。そのぐらいのキャッシュフローがあれば、もし他の事業からの収入のあてが外れたり、修繕が発生したりしても、当面生活していくことは可能です。

逆にそれ以下だと少し怖いです。退去が続いたり金利上昇があったりしたら、すぐにキャッシュフローが目減りして生活費にあてられる金額がなくなってしまうと思います。

最後にこれからの人に向けてメッセージを贈ります。不動産投資は時間が武器になる投資です。

早くはじめた人とそうでない人とでは、数年後に大きな違いが出ます。不動産投資をはじめて7年になりますが、そのころに出会った仲間は、みんなサラリーマンを辞めたり、自分で事業をしたりしています。

一方で、割高な物件を買って失敗してしまう人もいました。しっかり勉強して、仲間と情報交換をしながら進めていけば、不動産投資は夢を叶えるのにきっと役立つと思います。

ひろしま大家の会

横山 顕吾氏（広島県）

私はもともと分譲マンションの管理会社で、会社員をしていましたが、今は専業大家で、現在12年の不動産投資歴があります。吉岡さんとの出会いのきっかけは、全国大家の会に登録させていただいたことです。

私の場合、不動産投資をはじめるまでは転職を繰り返し、落ち着かない生活でした。

転職歴をざっと説明しますと、体育系の大学を卒業して、スポーツクラブに就職しましたが、とあることをきっかけに「弁護士になりたい」と一念発起して退職しました。法律事務所に勤めながら、司法試験にチャレンジしたものの、途中で弁護士を断念。私立の高校で体育講師として臨時で採用してもらえたのですが、もともといた正規の教諭の方が復帰することになり退職しました。

その後、サラ金業者、英会話教材の訪問販売を経て、最終的に、分譲マンション管理会社に落ち着きました。というのも訪問販売はきつかったので、営業職として働くなら、広告してくれてモデルルームもある不動産営業がいいだろうと思ったのです。

たまたま新規の国家資格の管理業務主任者の資格に合格できました。この資格は、分譲マンション管理会社に必要だということを知り、営業会社よりストックビジネスの分譲マンション管理会社のほうが安定するかと思い、就職活動したところ、広島の会社が採用してくれることになったのです。

不動産投資をはじめたきっかけは、妻が買った書籍「金持ち父さん貧乏父さん」（ロバート・

キヨサキ著）を読んだことです。ここで初めて資産家になるという人生を知りました。

その後、浦田健さんの本を読んで、日本不動産コミュニティーに参加したこともきっかけとなりました。

1棟目に購入したのは、広島市中区にある2K　35㎡の区分マンションです。築30年で390万円でした。家賃収入を約10年得て、一昨年580万円で売却したので、不動産投資としては成功だと思います。

私の場合、「BMBメソッド」という独自のマンション分析ツールを使って判断します。スタンスは最初から今も全く同じで「BMBメソッド」で評価の高く出た、原則ファミリー向け分譲マンションを買い続けています。

2011年に不動産投資をはじめて7年目のタイミングで、勤めていた分譲マンション管理会社を退職しました。現在投資規模は約3億円、約30物件、家賃収入約200万円、キャッシュフローは約50万円です。

これからスタートする人に対してアドバイスするなら、区分マンションは1回の購入で1戸しか増えません。ですから年に複数物件を買い続けないと、資産規模は拡大できないです。

そのためには複数の金融機関から融資を受けられるようになる必要がありますが、安い分譲マンションとなると築古になる可能性が高いです。CFを確保しようとすると金利より融資期間が重要になります。

築古マンションに長期の融資をつけるには、法定耐用年数という意味のない基準をぶち壊して、きちんと長持ちする建物であることを証明する必要があります。それを分析できるようになれば、いくらでも買えるようになります。

ちなみに僕は9つの銀行から融資を受けています（ノンバンクやスルガ銀行など問題となった金融機関からは融資を受けていません）。複数の金融機関から融資を受けるためには、きちんとした分析資料を作成する必要があります。

寄稿いただいた大家の会紹介

東海大家の会

所属人数 450名
活動エリア 愛知県
公式サイト https://tokai-ooya.net/

「東海大家の会」は20〜40代の方が多く所属する有料の大家の会です。現在これから大家さん、1〜2棟しかまだ持ってない方が多く、親子参加という方もいます。オンラインでもイベント開催しており、東海エリア外の方も多くご参加いただいております。『情報格差は収入格差』という言葉があります。情報は生き物と同じように日々変わり腐っていきます、生きた情報は業者ではなく大家に宿ります。大家としての環境づくりに役立てれば良いと思います。「年齢が近い同士忖度なく情報共有、fire後の人生を共に過ごせる一生の仲間作り」をテーマに不動産勉強会を開催しております。たくさんの仲間に出会えることを楽しみにしております。

ドリーム家主倶楽部

所属人数 500名弱
活動エリア 近畿圏内、主に兵庫県、大阪府全般、奈良県エリア
公式サイト https://www.facebook.com/Dream.Yanushi/

家主業を通じ共通の目的を持った同志が集い、互いに協力し合い夢を叶えるために「ドリーム家主倶楽部」を結成（2011年）し、現在500名弱のメンバーで関西エリアを中心に活動しています。当会には各々のメンバーが実体験した過去の膨大な再生事例、さまざまなフィールドでプロフェッショナルとして活躍するメンバーの知識や共助精神で成功へと導いています。受動的な方よりは自ら動ける方、向上心がある方に向いています。過去にメンバーが膨大な数のボロ物件を再生してきた生の経験談や知恵、ネットワークがあります。その情報が我々の会の財産であり、メンバーにとってのメリットです。【ご注意】当倶楽部入会には必ず紹介者が必要となります。

寄稿いただいた大家の会紹介

TerraCoya 大家の会

所属人数 約80名
活動エリア 主に東京都
公式サイト https://terracoyaooya.com/

私たち「TerraCoya大家の会」は1980年以降生まれの同世代のみなさんを対象に、不動産を通して資産形成を実現するためのコミュニティです。不動産の探し方、融資の獲得方法、運営の方法などの基礎知識に関する初心者向けの勉強会と、経験者向け勉強会の2本立てで毎月1回勉強会を実施しています。他にも毎年BBQや合宿をしたり、不定期でフットサルや旅行したりすることも。日々グループLINEでの情報交換、お悩み共有等もしています。参加メンバーは初心者1:経験者4 ほどの割合で、不動産を1～3棟所有されている方、全くの初心者からの方も多くいらっしゃいます。より実践的な勉強会で一緒に不動産賃貸経営スキル向上を目指しましょう。

ひろしま大家の会

所属人数 約300人
活動エリア 広島
公式サイト https://hiroshimaooya.jp/

「ひろしま大家の会」は、賃貸オーナー、不動産投資家、家主になるために勉強したい方が集まる場です。「不動産投資から賃貸経営へ」という理念のもと、広島大家塾と広島リフォーム塾を運営しています。具体的には、「物件を効率的に稼動させるノウハウを選別できるようになる」「一人で頑張るのではなく、自分自身のチーム作りができるようになる」「不動産経営に喜びを感じられる場を提供する」ことを目的としています。主な活動と活動頻度は、広島大家塾の勉強会が月1回（会員制ではなく都度参加）、その他4か月コースの広島リフォーム塾があります。広島市内の方が中心ですが、毎回県外からもご参加いただいています。

北海道	北海道大家塾、大家さん学びの会 札幌、道東大家塾
東　北	青森勝ち組大家さん実践セミナー、仙台やまいち不動産投資センター、大家さん学びの会　岩手支部
関　東	湘南鎌倉大家の会、井上大家塾、田中式エターナル投資塾、北関東ぐんま大家の会、いばら喜大家の会、千葉大家倶楽部、とちぎ大家の会、横浜湘南不動産勉強会、千葉OL大家の会
東　京	アジア太平洋大家の会、国際不動産カレッジ、東京ママ大家の交流会、東京調布大家の会、東京投資クラブ、賃貸UP-DATE実行委員会、軍師大家の会、TerraCoya大家の会、ファイナンシャルアカデミー、大家さん学びの会、東京マンションズオーナー、四ツ谷大家学園、令和大家の会、あけぼの会2.0　不動産投資家の会、志高き大家さんの集まり「チームアユカワ」、エレガントオーナーズ、東京大家塾、大家Quest
中　部	北信越大家の会、東海大家の会、三重大家さんの会、大家になる.jp、新潟大家の会、静岡大家の会、成長する大家の会、新潟不動産投資塾、大家さん学びの会　名古屋支部
近　畿	大阪大家勉強会、両立できる大家の会、滋賀女性大家の会、大家さん学びの会 関西、京都大家の会、喜ばれる大家の会、ドリーム家主倶楽部、若やま大家の会、東大阪家主会、不動産の虎サロン、全国大家の会 近畿支部
中　国	しまね大家の会、福山大家の会、ひろしま大家の会
九州・沖縄	大家さん学びの会　大分支部、大家さん学びの会　福岡支部
ハワイ	ハワイオーナズクラブ（ハワイ大家の会）
オンラインサロン	不動産ラウンジ、EST SALON、新米大家の会、新築不動産投資の学校、最近の不動産投資ってどうよ、DIYを楽しむ大家の会、海外不動産投資アマチュア投資家の会、国内不動産投資アマチュア投資家の会、不動産投資大学、日本ツイッタラー大家の会

2024年2月時点で登録数69団体

全国大家の会

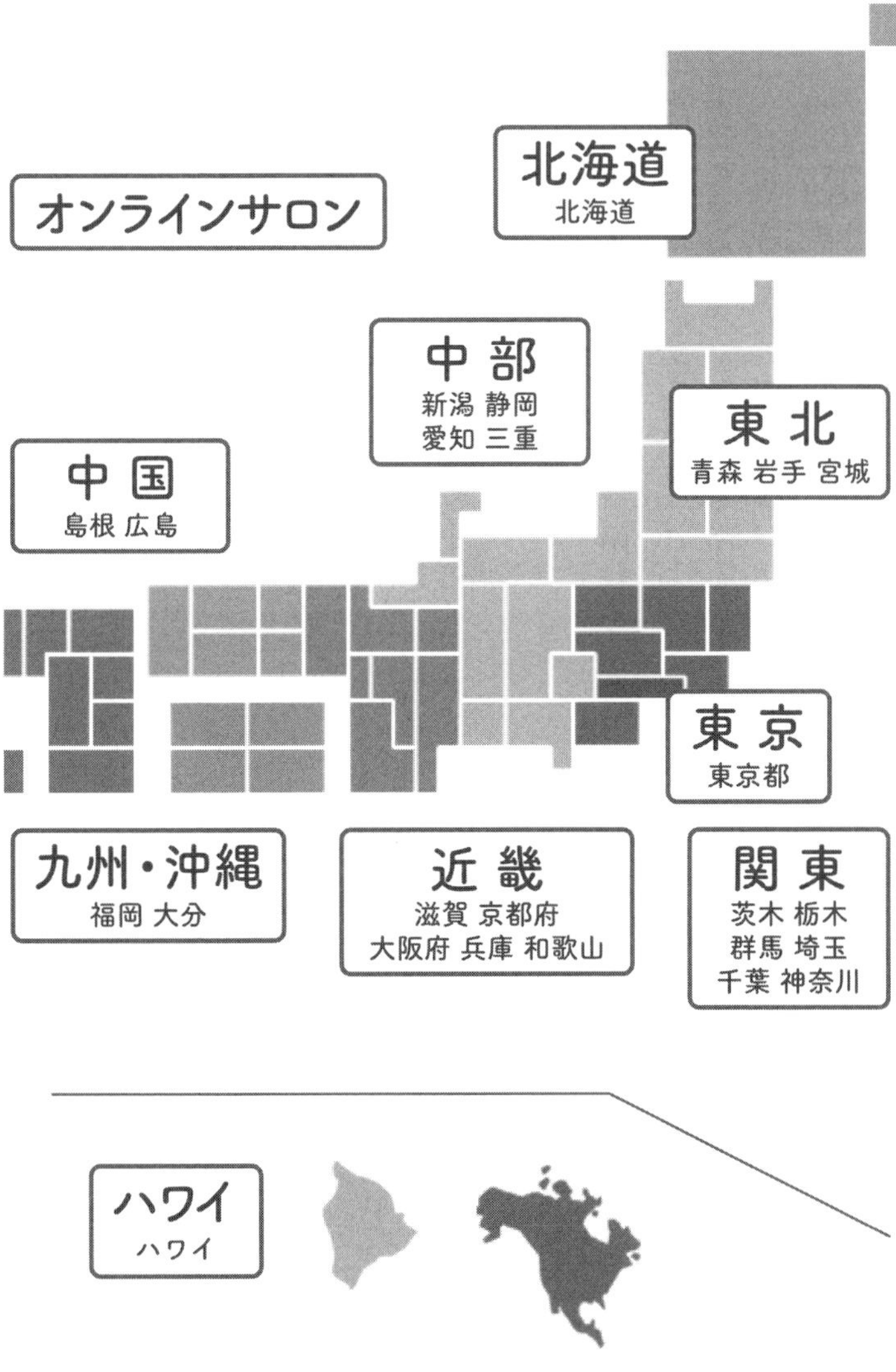
オンラインサロン
北海道
北海道
中部
新潟 静岡
愛知 三重
東北
青森 岩手 宮城
中国
島根 広島
東京
東京都
九州・沖縄
福岡 大分
近畿
滋賀 京都府
大阪府 兵庫 和歌山
関東
茨木 栃木
群馬 埼玉
千葉 神奈川
ハワイ
ハワイ

大家の会ポータルとは

2021年発足。全国大家の会は、不動産オーナーを中心とした情報コミュニティサイトです。現役大家さんはもちろん、これから不動産投資をして大家さんになりたい方、親の相続で不動産を引き継いだ新米大家さんのための不動産専門サイトです。

全国各地にある大家さんの会の紹介をしながら、現役大家さんをはじめ、これから大家さんになりたい方にむけて、専門家や先輩大家さんによるセミナーの開催にくわえ、不動産投資に関する情報、法改正やトレンドの不動産活用まで多くの情報を発信しています。

このサイトでは、各専門家から具体的な情報が得られます。大家のことは、大家さんから学びましょう。

豪華4大特典

公式LINEアカウントは
下記QRコードでログインしてください。

特典1 戸建て内見チェックリスト

特典2 リフォーム依頼書テンプレート（128ページ参照）

特典3 「満室日記」空室対策15選

特典4 属性シート（163ページ参照）

公式 LINE

●著者紹介
吉岡 良太（よしおか・りょうた）

一般社団法人「全国大家の会」代表理事
愛知県中京大学体育学部卒業　新卒で高等学校体育教員として勤める。会社員への転職をきっかけに元手100万円から不動産投資を開始。「かぼちゃの馬車、スルガショックなどの後で融資が使いにくい」「物件価格が高騰している」「コロナ禍で外に出かけられない」といった三重苦をものともせず、2020年に不動産投資をはじめて1年半で15戸の空き家を買って利回り50%超で運営している。2021年からは、情報コミュニティサイト「全国大家の会」を開始。翌年にはサラリーマンをリタイヤし、専門家や先輩大家さんによるセミナーの開催や情報発信などを行っている。

編集協力　布施ゆき

自由な時間とお金が手に入る方法教えます！
全国どこでも誰でもできる空き家投資術

2024年3月31日　初版発行

著　者　吉岡 良太
発行人　今井　修
印　刷　モリモト印刷株式会社
発行所　プラチナ出版株式会社
〒104-0031　東京都中央区京橋3丁目9-7
京橋鈴木ビル7F
TEL　03-3561-0200　FAX　03-6264-4644
https://www.platinum-pub.co.jp/

ISBN 978-4-909357-93-9